MUTLULUK *Yolu*

DAHA İYİ BİR YAŞAM İÇİN
SAĞDUYULU ÖNERİLER

Kime: ____________________

Kimden: ____________________

MUTLULUK
Yolu

THE WAY TO HAPPINESS FOUNDATION

The Way to Happiness Foundation International tarafından yayınlanmıştır.

ISBN 978-1-59970-103-5

Bu belki de ilk, bütünüyle sağduyu temelli, dini esaslara dayanmayan ahlak kodları kitabıdır. L. Ron Hubbard tarafından özel bir çalışma olarak kaleme alınmış olup; herhangi bir dini öğretinin parçası değildir. Tekrar basılması veya kişisel olarak dağıtılması herhangi bir dini kuruluşla, sponsorluk dahil ilişkisi olduğu anlamına gelmez. Bu nedenle hükümet dairelerince veya görevlilerince dini özellik taşımayan bir faaliyet olarak dağıtılmasında sakınca yoktur.

(Kitabın tekrar basımı, The Way to Happiness Foundation International ile birlikte düzenlenebilir.)

Danimarka'da basılmıştır
TURKISH – THE WAY TO HAPPINESS

İÇİNDEKİLER

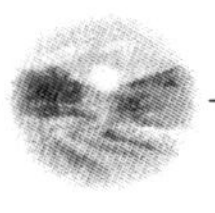

BU KİTAPLA NE YAPACAKSINIZ?

Elbette ki görüştüğünüz kişilere ve dostlarınıza yardım etmeyi istersiniz.

Kendi hayatta kalmanızı — az da olsa — etkileyen bir kişiyi seçin.

O kişinin adını, bu kitabın ön
kapağındaki üst çizgiye yazın.

İkinci çizgiye ise, kendi adınızı
yazın veya kaşenizi kullanın.

İsmini yazdığınız kişiye bu kitabı verin.

Bu kişiden, verdiğiniz kitabı okumasını isteyin.[0]

Kitabı alan kişinin de başkalarının muhtemel
kötü davranışlarının tehdidi
altında olduğunu keşfedeceksiniz.

0. Bazen kelimelerin birkaç farklı anlamı vardır. Bu kitapta verilen dipnot tanımları o kelimenin sadece bu metinde kullanıldığı anlamı verir. Bu kitapta anlamını bilmediğin bir kelimeye rastlarsanız, iyi bir sözlükte bu kelimeye bakın. Eğer bakmazsanız, yanlış anlamalar ve muhtemel tartışmalar ortaya çıkabilir.

Ona, bu kitaptan fazladan
birkaç tane daha verin; ancak
bu kitaplara isminizi yazmayın:
kitabı verdiğiniz kişi kendi ismini yazsın.
Kitabı alan kişinin de yaşamındaki diğer
insanlara, bu kitaplardan
vermesini sağlayın.

Bu şekilde devam ederseniz, hem kendinizin
ve hem de başkalarının hayatta kalabilme potansiyelini
büyük oranda arttırmış olacaksınız.

*Bu, hem kendinizi, hem de
başkalarını çok daha güvenli ve mutlu
bir yaşama götürebilecek bir yoldur.*

BU KİTABI SİZE VERMEMİN NEDENİ

Sizin

hayatta kalmanız[1]

benim

için

önemlidir.

1. *hayatta kalma:* yaşamı sürdürme, mevcut olma, yaşamaya devam etme.

MUTLULUK[2]

Gerçek sevinç ve
mutluluk çok değerli şeylerdir.

Zaten, hayatta kalamazsak ne
sevinci, ne de mutluluğu elde edebiliriz.

Kişinin karmakarışık,[3] sahtekâr ve genel
olarak ahlaksız[4] bir toplumda hayatta kalmaya
çalışması oldukça güç bir iştir.

Her bir birey veya grup, hayatta mümkün
olabildiğince zevke ulaşmaya ve
acılardan kaçmaya çalışır.

2. *mutluluk:* iyi olma durumu veya hali, memnuniyet, zevk, neşeli, keyifli, sıkıntısız varoluş, birinin başına güzel şeyler gelmesinden duyduğu haz.
3. *karmakarışık:* tamamen düzensizlik ve karışıklık özelliğine veya niteliğine sahip olma.
4. *ahlaksız:* ahlakı olmayan; iyi davranış şeklini takip etmeyen, doğru yapmayan; uygun davranış hakkında hiç bir fikri olmayan.

Hayatta kalmanız, çevrenizdekilerin kötü
davranışlarının tehdidi altında kalabilir.

Mutluluğunuz; başkalarının dürüst
olmaması ve kötü davranışları sonucu
faciaya ve kedere dönüşebilir.

Eminim ki bunların yaşanmış
gerçek örneklerini hatırlayabilirsiniz.
Bu gibi yanlış davranışlar, kişinin hayatta
kalma kapasitesini ve yaşam kalitesini
azaltmakta ve mutluluğuna
zarar vermektedir.

Siz, başka insanlar için önemlisiniz.
Başkaları, sizin sözünüze değer veriyor.
Siz, başkalarını etkileyebilirsiniz.

Mutluluğu veya mutsuzluğu, sizin için
önemsiz olmayacak birçok kişiyi
hatırlayacağınıza eminim.

Sadece bu kitabı kullanarak,
hiç de zorlanmadan,
bu insanların hayatta kalmalarına
ve mutlu bir yaşam sürmelerine
yardım edebilirsiniz.

MUTLULUK
Yolu

Her ne kadar başkalarının mutluluğunu garanti etmek mümkün değilse de onların hayatta kalma ve mutlu olma şansları iyileştirilebilir. Böylece, onlarınki ile birlikte, sizin de hayatta kalma şansınız iyileşecektir.

Tehlikelerden daha uzak ve mutlu bir yaşama giden bu yolu göstermek sizin elinizdedir.

1.

KENDİNİZE ÖZEN GÖSTERİN.

1-1.

Hastalandığınızda tedavi olun.

İnsanlar hastalandıklarında, hatta bulaşıcı hastalıklara tutulduklarında bile çoğu kez kendilerini toplumdan soyutlamazlar veya gereken tedaviyi görmekten kaçınırlar. Bu da kolaylıkla görebileceğiniz gibi, sizin sağlığınızı da tehlikeye atabilir. Böyle bir insanı gördüğünüzde ona, uygun önlemi alarak gerekli tedaviyi görmesi için ısrar edin.

1-2.

Bedeninizi temiz tutun.

Düzenli olarak banyo yapmayan ve ellerini yıkamayan kimseler, mikrop taşıyabilirler. Bu insanlar sizi de tehlikeye atarlar. Siz başkalarının düzenli olarak bedenini ve ellerini yıkamasında ısrar ederek, öncelikle kendi hakkınızı kullanmış olursunuz. İnsan çalıştığında veya spor yaptığında kirlenmesi kaçınılmazdır. İnsanların bu faaliyetlerden sonra temizlenmesini sağlayın.

1–3.
Dişlerinizi koruyun.

Her yemekten sonra dişlerin
fırçalanmasıyla, diş çürümelerinin
önüne geçileceği bilinen bir gerçektir.
Her yemekten sonra dişler fırçalanırsa
veya ciklet çiğnenirse, başkalarının
da ağız sağlığına özen gösterilmiş,
onların da kötü ağız kokularına
karşı korunması sağlanmış olur.
Çevrenizdekilere dişlerini
korumalarını tavsiye edin.

1–4.
Uygun şekilde, düzenli beslenin.

Uygun şekilde, düzenli beslenmeyen kimseler,
ne size ne de kendilerine pek yararlı olamazlar.
Yorgun ve halsiz olmaya eğilimlidirler.
Zaman zaman da çok hırçınlaşırlar.
Çok daha kolay hastalanırlar.
Uygun şekilde beslenmek için
tuhaf diyetlere gerek yoktur; sadece
besleyici türde gıdaları düzenli
olarak yemek yeterlidir.

1–5.
Yeterince uyuyun.

Her ne kadar insan, birçok defalar normal uykusunu
alamayacak kadar çalışmak zorunda kalsa
bile; kişinin yeterince uyumaması,
onu başkaları için bir yük haline getirir.
Yorgun kimseler dikkatlerini toplayamazlar.
Hata yapabilir ve kazalara sebep olabilirler.
Tam onlara ihtiyaç duyduğunuzda bütün işi sizin
üzerinize bırakıverirler. Başkalarını tehlikeye atarlar.
Yeterince uyumayan insanların, uykularını
almaları konusunda ısrarcı olun.

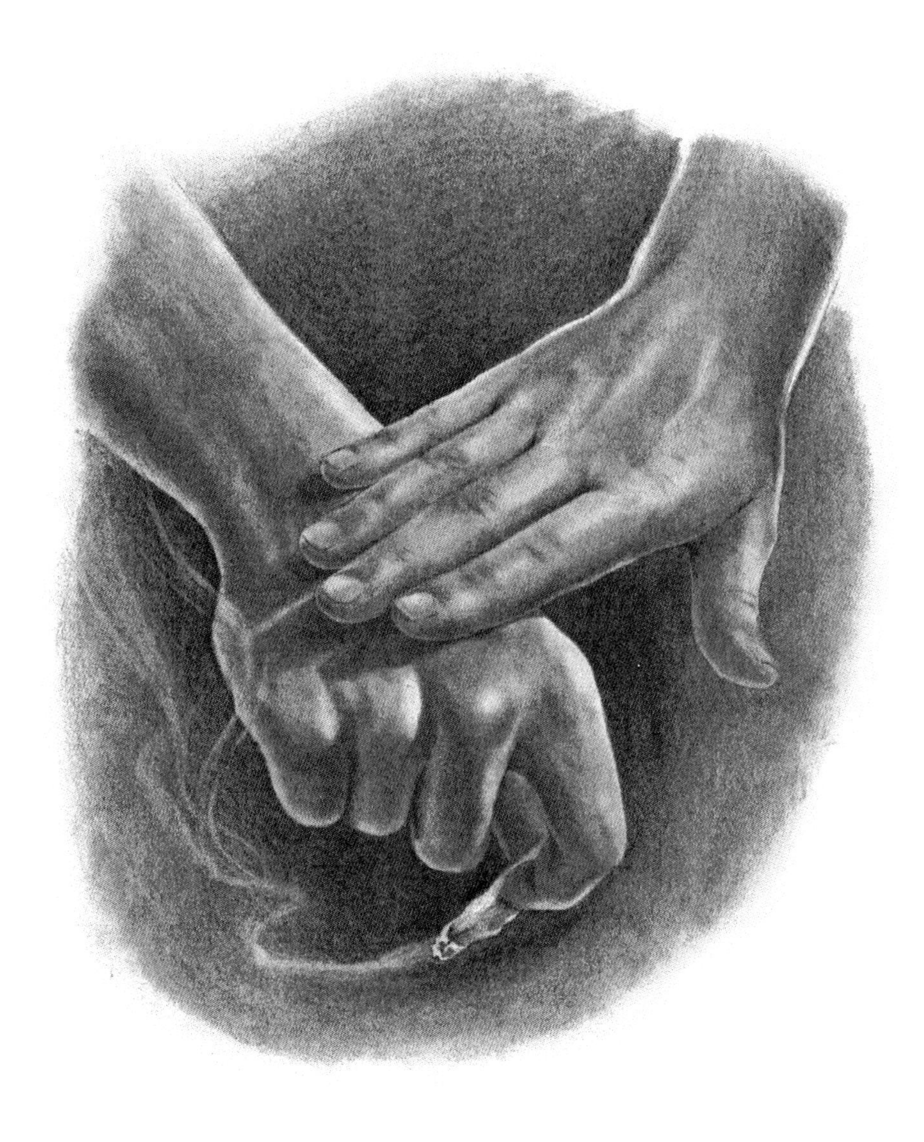

2.

ÖLÇÜLÜ[5] OLUN.

2–1.

Zararlı ilaç ve uyuşturucuları kullanmayın.

Uyuşturucu madde kullanan kimseler önlerindeki gerçek dünyayı, çoğu zaman, olduğu gibi göremezler. İçinde bulundukları ortamın *farkında değildirler.* Otoyolda, günlük ilişkilerde, evde, bu kişiler sizin için çok zararlı olabilirler. Bu insanlar, bu uyuşturucu içeren ilaçları ve uyuşturucu maddeleri kullandıklarında yanlış bir şekilde, kendilerini "daha iyi hissettiklerini" ya da "daha rahat hareket ettiklerini" veya "daha mutlu" olduklarını sanabilirler. Bu da yalnızca diğer bir yanılgıdır. Kullandıkları uyuşturucu maddeler, eninde sonunda onları bedensel olarak harap edecektir. İnsanları uyuşturucu ilaçlar ve maddeler kullanmamaları yönünde ikna edin. Eğer kullanıyorlarsa, bu alışkanlıklarından kurtulmaları için profesyonel yardım görmeleri yönünde teşvik edin.

5. *ölçülü:* davranışlarında ve düşüncelerinde ılımlı olan, aşırıya gitmeyen, yaptıklarını normal ölçüler içinde yapan, arzularını frenleyebilen.

2–2.

Aşırı alkol almayın.

Alkol kullanan kimseler dikkatlerini toplayamazlar.
Alkol alan kişiler, alkol sayesinde daha
uyanık olduklarını zannettikleri halde,
tehlikelere karşı hızlı cevap verme becerilerini,
aldıkları alkol nedeniyle kaybederler.
Alkolün az da olsa bir tıbbi değeri vardır.
Ama bu özelliği gereğinden çok abartılmıştır.
İçkili olarak araba veya herhangi bir vasıta kullanan
kişilerin kullandığı araçlara kesinlikle binmeyin.
İçki çeşitli şekillerde can alabilir.
Bir kadeh içkinin bile çok zararlı etkileri olabilir.
Bu yüzden fazla içkinin, sonu mutsuz bitecek
maceralara ya da ölüme yol açmasına engel olun.
İnsanları aşırı içki içmekten caydırmaya[6] çalışın.

***Yukarıdaki noktalara uyarak insan,
yaşamdan bedensel olarak daha fazla zevk alır.***

6. *caydırmak:* vazgeçirmek; bir kişiyi herhangi bir şeyi yapmaktan (ikna etmek veya zor kullanmak vb. suretiyle) vazgeçirmek.

3.

HERKESLE DÜŞÜP KALKMAYIN[7].

Cinsel ilişki; insan ırkının kendisini, çocuklar ve aile yoluyla gelecek nesillerde devam ettirmesini sağlamanın yoludur. Cinsel ilişkiden büyük bir zevk ve mutluluk sağlanabilir; çünkü doğa soyun devamı için bunun böyle olmasını uygun görmüştür. Fakat cinselliğin istismarı, büyük belaları ve bunun karşılığı büyük bedeller ödenmesini de beraberinde getirir: doğa da bunu böyle tasarlamış gibi görünmektedir.

7. *düşüp kalkmak:* gelişigüzel, tesadüfi cinsel ilişkiye girmek.

3–1.

Cinsel ilişkide bulunduğunuz eşinize sadık kalın.

Cinsel ilişkide bulunulan
eşe sadık kalınmaması, kişinin
hayatta kalmasını önemli ölçüde azaltır.
Tarih ve gazeteler, sadakatsizliğin sebep olduğu
şiddetin nelere yol açtığına dair çok sayıda örneklerle
doludur. "Suçluluk duygusu," daha az kötü olanıdır.
Fakat kıskançlık ve intikam duyguları korkunç
canavarlardır. Bunların ne zaman uyanacakları
hiç belli olmaz. Sözüm ona "uygarlaşmaktan,"
"bazı şeyleri aşmaktan," "anlayıştan" bahsetmek,
sadakatsizliğin neden olduğu şiddeti durdurmaz
ve harap olmuş yaşamları düzeltmez.
"Suçluluk duygusu" ise, sırtınıza saplı bir
bıçak veya çorbanızdaki öğütülmüş cam
kadar keskin ve yaralayıcı sayılmaz.

Bunlara ek olarak, sağlık sorunu da işin cabasıdır.
Eşinizin size sadık kalması konusunda ısrarcı olmazsanız,
hastalığa yakalanma riski ile karşılaşabilirsiniz.
Kısa bir süre için cinsel hastalıkların hepsinin kontrol
altına alındığı söylenmişti. O zamanlar öyle olsa bile,
şimdi artık bu doğru değildir. Bu tür hastalıkların tedavi
edilemeyen dirençli türleri bugün hâlâ mevcuttur.

Cinsel terbiyeden sapmanın yarattığı sorunlar yeni değildir. Hindistan'daki güçlü Budizm dini yedinci yüzyılda birden ortadan kaybolmuştu. Kendi tarihçilerine göre bunun nedeni, manastırlarda yaşanan ahlak dışı cinsel ilişkilerdi. Daha yakın zamanlarda ise, bu önüne gelenle düşüp kalkma rezaleti, ticari veya başka amaçlı organizasyonlarda yaygınlaştığında, bu organizasyonların başarısızlığa uğradığı görülmektedir. Bu konuya her ne kadar sözüm ona uygarca yaklaşılmaktaysa da aileler sadakatsizlik yüzünden yıkılmaya devam etmektedir.

Anlık bir dürtü, ömür boyu süren kedere ve üzüntüye neden olabilir. Bu konuda çevrenizdekileri uyarın; böylece kendi sağlığınızı ve mutluluğunuzu da koruyun.

Cinsel ilişki, mutluluğa ve sevince giden yolda önemli, büyük bir adımdır. Cinsel ilişki, sadakat ve dürüstlükle yürütülürse yanlış bir tarafı yoktur.

4.

ÇOCUKLARI SEVİN VE ONLARA YARDIM EDİN.

Bugünün çocukları,
yarının uygarlığını kuracak olanlardır.
Günümüzde dünyaya çocuk getirmek,
çocuğu adeta bir kaplan kafesinin içine
bırakmaya benzemektedir. Çocuklar çevrelerine[8]
nasıl uyum sağlayacaklarını bilemezler.
Çünkü uyum sağlamak için gerekli
doğru bilgi ve becerileri yoktur.
Bu konuyu öğrenmek için, sevgiye
ve yardıma ihtiyaçları vardır.

8. *çevre:* kişinin etrafındaki ortam, maddi nesneler; yaşanılan bölge; kişinin yakınında veya uzağında birlikte yaşadığı canlılar, nesneler ve etkenler.

Bu konu tartışılması gereken hassas bir konudur.
Bir çocuğun nasıl yetiştirileceği veya yetiştirilemeyeceği konusundaki teoriler ana babaların sayısı kadar fazladır. Ancak kişi, bu işi yanlış yaparsa, hayatının sonuna kadar acısını çekeceği birçok üzüntü ve karmaşık durumla karşılaşabilir. Bazı kimseler çocuklarını, kendi yetiştirildikleri tarzda yetiştirmek isterler; ötekiler ise tam tersini yaparlar.
Birçokları ise, çocukların kendi doğal ortamlarında, kendi başlarına büyümelerinden yanadırlar.
Bunların hiç biri başarıyı garantileyemez.
Bunlardan sonuncusu maddeci[9] bir yaklaşım olup; çocuğun gelişmesinin, soyun evrimsel[10] gelişmesine paralel olduğu görüşüne dayanır; bu da garip bir şekilde açıklanamadan kalmış olup; çocuğun "sinir sisteminin", yaşı ilerledikçe "olgunlaşacağı" ve sonuçta da ahlaklı[11] ve akıllı uslu bir yetişkin olacağını savunur.
Bu teori kolaylıkla çürütülmesine rağmen—sadece çok sayıdaki sinir sistemleri olgunlaşmamış suçlu nüfusuna bakarak anlayabiliriz—çocuk eğitimi konusunda izlenecek kolaycı bir yol olarak halk arasında bir dereceye kadar rağbet görmüştür. Aslında bu düşünce, ne uygarlığımızın geleceğini, ne de yaşlılık yıllarınızı dikkate almamaktadır.

9. *maddecilik:* sadece fiziksel maddenin var olduğunu öne süren felsefi görüş.
10. *evrimsel:* tüm bitkilerin ve hayvanların daha ilkel türlerden geliştiklerini ve planlanıp bir anda yaratılmaktansa, kendi çevreleri tarafından şekillendirildiklerini öne süren çok eski bir teori.
11. *ahlak:* davranışlarda yanlıştan doğruyu ayırabilme; bu anlayışa göre karar verme ve hareket etme.

Çocuk bir bakıma beyaz sayfa gibidir.
Eğer bu sayfaya yanlış şeyler yazarsanız,
size yanlış şeyler söyleyecektir.
Fakat çocuk, beyaz sayfadan farklı olarak,
kendisi de bir şeyler yazmaya başlayabilir. Ve onun,
daha önceki yazılmışları tekrar yazma eğilimi vardır.
Çocukların çoğunluğu her ne kadar büyük bir
terbiye kapasitesine sahip olsalar da
bugünlerde bazı çocukların akıl
hastası, hatta uyuşturucu bağımlısı
olarak doğmaları önemli bir
sorun teşkil ediyor; ancak böyle
vakalar son derece nadirdir.

Çocuğu, sadece, oyuncak ve hediye yağmuru ile
"satın almak" veya aşırı sevgi gösterileriyle baskı
altına almak ve korumak bir işe yaramaz;
bunların sonucu çok korkunç olabilir.

Kişi, çocuğu nasıl biri yapmaya çalıştığı konusunda
karar vermelidir. Çocuğun ne olacağını
belirleyecek birçok unsur vardır:
a) çocuğun doğuştan gelen yapısı ve
potansiyeliyle ne *olabileceği,*
b) çocuğun kendisinin gerçekten ne olmak istediği,
c) kişinin, çocuğunun ne olmasını istediği,
d) eldeki kaynakların ne olduğu. Ancak unutmayın ki tüm
bunlar ne olursa olsun; çocuk, sonuç olarak kendi ayakları
üzerinde durabilen ve *çok* ahlaklı biri olmadıkça
iyi bir şekilde hayatta *kalamayacaktır.* Bu durum
da ortaya çıkan sonuç, muhtemelen çocuk dahil hiç
kimsenin pek de hoşuna gitmeyecek bir şey olacaktır.

Kişi, çocuğuna ne kadar şefkat ve sevgi gösterirse göstersin, unutmayın ki çocuk uzun vadede yaşamını sürdürebilmek için kendi ayakları üzerinde kalmak zorundadır. Çocuk yoldan çıkarsa bu hiç de tesadüf olmayacaktır; çünkü bugünün toplumu çocuğun başarısızlığı için biçilmiş kaftandır.

Çocuğun bu kitapta bulunan davranış ilkelerini[12] anlamasını sağlarsanız ve onu, bu ilkelere uymaya razı ederseniz, bu onun yetişmesi konusunda son derece yardımcı olacaktır.

İşe yarayacak tek şey, çocuğun dostluğunu kazanmaya çalışmaktır. Bir çocuğun dostlara olan ihtiyacı çok açıktır. Çocuğun sorununun gerçekte ne olduğunu öğrenmeye çalışın ve onun kendi bulduğu çözümleri göz ardı etmeden problemlerini çözmesine yardımcı olun. Çocuklarınızı gözleyin – hatta bu bebekleriniz için bile geçerlidir. Çocukların kendi yaşamları hakkında size söylediklerini dinleyin. *Onların, size* yardım etmelerine izin verin – eğer böyle yapmazsanız, minnet borcu[13] altında ezilirler ve sonra bunu bastırmak zorunda kalırlar.

12. *ilke:* herhangi bir hareket tarzı öneren veya ortaya koyan kural, ifade veya talimat.
13. *minnet borcu:* birisine verilen şeyler, yapılan iyilikler veya hizmetler karşılığındaki borçlu olma durumu veya sorumluluğu.

Bir çocuğun fikrini ve rızasını
alarak, onu bu kitapta belirtilen
ilkelere uymaya ikna etmek ona gerçek
bir yardım olacaktır.
Bu davranış hem çocuğunuzun,
hem de sizin daha iyi şekilde hayatta
kalmanıza çok büyük bir
katkıda bulunacaktır.

Bir çocuk sevgisiz pek
başarılı olamaz.
Çocukların çoğu, kendilerine
verilen sevgiyi fazlasıyla geri verirler.

Mutluluk yolu;
bebeklikten başlayıp, yetişkinlik çağına
gelene kadar, çocukları sevmek ve onlara
yardım etmekten geçer.

5.

ANA BABANIZI SAYIN[14] VE ONLARA YARDIM EDİN.

Bir çocuğun gözüyle
bakıldığında, ana babaları anlamak
bazen güçtür.

Kuşaklar arasında farklar vardır.
Fakat aslına bakılırsa, bu bir engel değildir.
Kişi güçsüz olduğunda, bahanelere ve
yalanlara sığınmak kolayına gelir:
işte aradaki duvarı oluşturan budur.

14. *saymak:* değeri, üstünlüğü, yaşlılığı, yararlılığı vb. dolayısıyla bir kimseye ya da bir şeye karşı ölçülü, özenli, dikkatli davranmak, saygı göstermek.

Çocuklar, ana babaları ile
aralarındaki farklılıklarda *uzlaşabilirler.*
Bağırıp çağırmaya başlamadan önce, en azından
sakin bir şekilde konuşmaya çalışabilinir.
Eğer çocuk açık sözlü ve dürüst ise,
mutlaka kendini dinleyecek birini bulur.
Çoğu kez iki tarafın üzerinde
anlaşabileceği bir uzlaşmaya[15] varılabilir.
Başkaları ile geçinmek her zaman
kolay olmaz; ancak bu en
azından denenmelidir.

Ana babaların, çocukları için daima
en iyisi olduğuna inandıkları şeyleri yapmak
için bütün güçleri ile çabaladıkları gerçeği
göz ardı edilemez.

15. *uzlaşma:* her iki tarafın aralarındaki görüş ve çıkar ayrılığını, karşılıklı olarak ödünler vererek kaldırıp uyuşmaları, bir anlaşmaya varmaları.

Eğer ana babalar, çocuklarının yetiştirilmeleri
konusunda ellerinden geleni yapmışlarsa,
onlar da ana babalarına karşı minnettar olmalıdırlar.
Fakat bazı ana babalar, çocuklarından teşekkür anlamında
hiçbir şeyi kabul etmek istemezler; çünkü kendilerinin
buna ihtiyacı olmayacak kadar bağımsız olduklarını
düşünürler; ancak kabul etmek gerekir ki,
çocukların da ana babalarına bakmaları
gereken bir dönem de gelip çatacaktır.

Her şeye rağmen unutulmaması gerekir ki,
onlar sahip oldukları yegâne ana babalarıdırlar.
Durum böyle iken, her şeye rağmen onları
saymak ve onlara yardım etmek gerekir.

*Mutluluğa giden yol, kişinin
ana babasıyla veya kendisini
büyütenlerle iyi ilişkiler içinde.
olmasını da kapsar.*

6.

BAŞKALARINA İYİ ÖRNEK[16] OLUN.

İnsanın etkilediği[17]
birçok kişi vardır. Bu etki[18] iyi
ya da kötü olabilir.

Eğer kişi hayatını, buradaki
öğütlere uyacak şekilde düzenlerse,
o takdirde iyi bir örnek oluşturur.

Kişinin etrafında bulunanlar,
ne derlerse desinler, bu
örnekten etkilenmekten
kendilerini alamazlar.

16. *örnek:* durumu, davranışı ya da niteliği kopyalamaya veya taklit edilmeye değer kimse ya da şey.
17. *etkilemek:* üzerinde etkisi olmak.
18. *etki:* sonuç olarak ortaya çıkan tesir.

Sizi bu yoldan vazgeçirmeye çalışan biri,
esasen size zarar vermeye ya da
kendi çıkarını gütmeye çalışıyordur.
Yine de içten içe size saygı duyacaktır.

Sizden olumlu yönde etkilenen kimseler oldukça,
kendi yaşamınızı sürdürebilme şansınız,
başkalarının, bu etkinizden dolayı tehdidi
azalacağından, uzun vadede daha iyi olacaktır.
Bunun başka yararları da vardır.

Burada sıralanan tavsiyeleri başkalarına anlatmanın
ve iyi bir örnek oluşturmanın yaratacağı
olumlu etkiyi asla küçümsemeyin.

*Mutluluk yolu, başkalarına iyi
örnek olmayı gerektirir.*

7.

GERÇEĞE[19] BAĞLI KALARAK YAŞAMAYA ÇALIŞIN.

Yanlış bilgiler insanın
aptalca hatalar yapmasına neden olabilir.
Hatta gerçek bilgileri almasını
da engelleyebilir.

Kişi, hayatta karşılaştığı sorunları ancak
gerçek veriler sayesinde çözebilir.

Eğer kişinin etrafındakiler, ona sürekli
yalan söylerlerse, kişi hatalar yapmaya
başlar ve böylece iyi şekilde hayatta
kalma potansiyeli azalır.

19. *gerçek:* el ile tutulup göz ile görülecek biçimde tam anlamıyla var olan; varlığı hiçbir biçimde inkar edilemeyen; bir durum, bir olgu, bir nesne ya da bir nitelik olarak var olan; bilgilerle ve gözlemlerle uyum içinde olan; bütün bilgilere bakmak suretiyle sonuçlanan mantıklı cevaplar; arzu, yetki veya önyargılardan etkilenmemiş, kanıtlara dayalı bir sonuç; her şeye rağmen kaçınılmaz olan hakikat, gerçek durum, var olan şeylerin tümü.

Hatalı verilerin (bilgilerin) birçok kaynağı olabilir:
okul, üniversite, toplum, meslek.

Birçok kimse, kendi hedeflerine ulaşmak için, sizin
onların işine gelen şeylere inanmanızı ister.

Oysa *gerçek* olan, *sizin* için gerçek olandır.

Hiç kimsenin, size bazı verileri zorla vermeye ve bunlara
zorla inanmanızı sağlamaya hakkı yoktur.
Eğer siz bunları doğru bulmuyorsanız,
o zaman doğru değildirler.

Her şeye kendi gözünüzle bakın, sizin için
doğru (gerçek) olanı seçin, kalanını atın gitsin.
Bir yalan karmaşasında yaşamaya çalışan
insandan daha mutsuz hiç kimse olamaz.

7–1.

Zararlı yalanlar[20] söylemeyin.

Zararlı yalanlar; korkunun,
kötülüğün ve kıskançlığın ürünleridir.
Bunlar insanları umutsuz davranışlara sürüklerler.
İnsanların hayatlarını yıkarlar. Hem yalan söyleyenin,
hem de söylenenin birlikte düşecekleri bir tür tuzak
oluştururlar. İnsan ilişkilerinde ve toplum
içinde karmaşaya neden olurlar. Birçok
savaş, zararlı yalanlarla başlamıştır.

Böyle yalanları saptamayı öğrenmek
ve onları reddetmek gerekir.

7–2.

Yalan yere tanıklık etmeyin.

Gerçek olmayan "bilgiler" için yemin
etmek veya bunları doğrulamak eylemleri ile ilgili
ciddi cezalar söz konusudur. Bunun diğer adı da
"yalancı şahitliktir" ve ağır cezası vardır.

*Mutluluğa giden
yol doğruluktan geçer.*

20. *yalanlar:* gerçek olduğu söylenerek kasten sunulan sahte bilgi veya bilgi parçası; sahtekarlık; aldatmaya veya yanlış kanaat oluşturmaya yönelik herhangi bir şey.

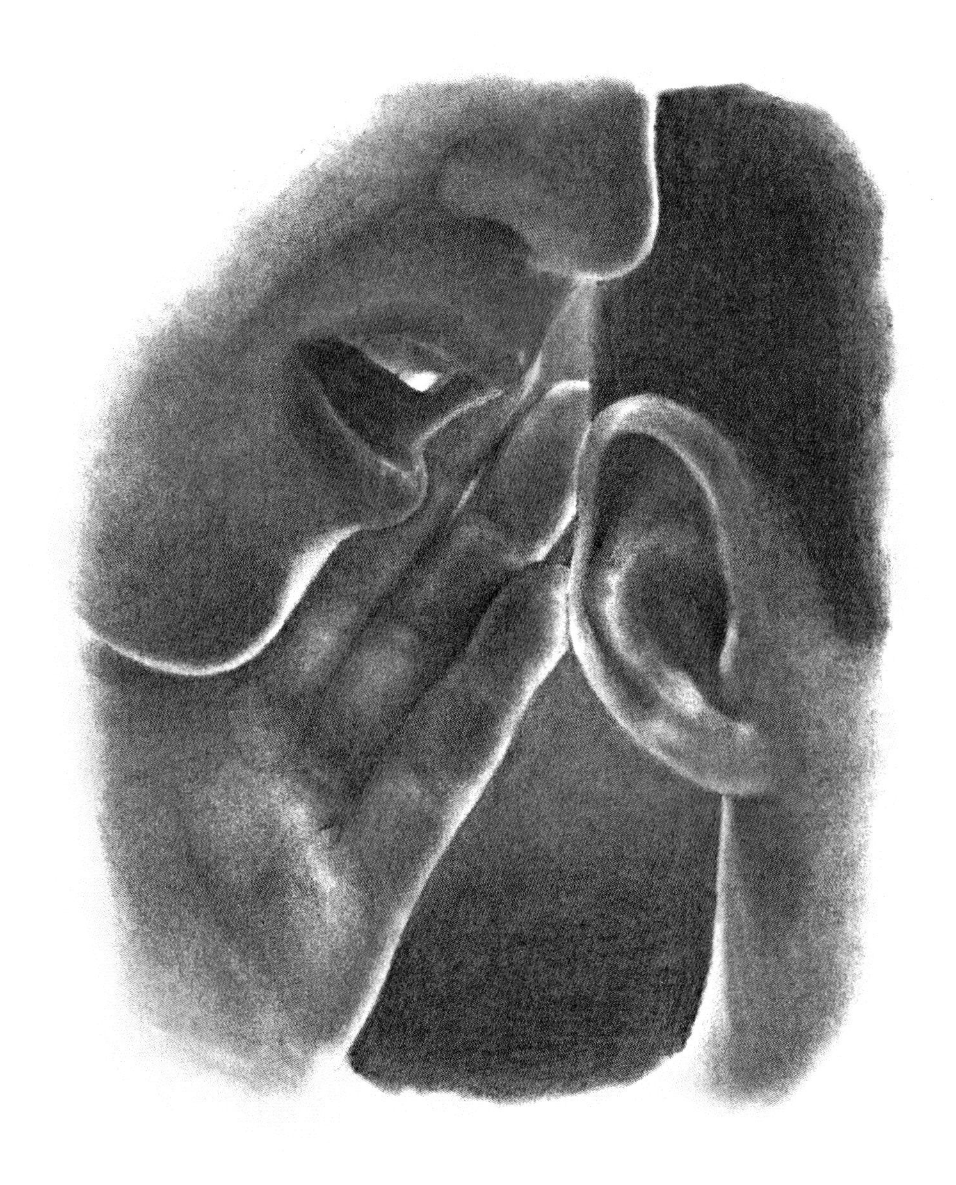

8.

CİNAYET[21] İŞLEMEYİN.

Birçok ırk, çok eski zamanlardan bugüne kadar cinayeti yasaklamış ve buna karşı ağır yasal cezalar getirmiştir. Bazen geniş anlamıyla "öldürmeyeceksin" biçiminde verilen dinsel emir, daha sonra aynı eserin değişik çevirilerinde, "cinayet işlemeyeceksin" biçiminde aktarılmıştır.

"Öldürme" ve "cinayet işleme" terimleri arasında önemli bir fark vardır. Her türlü öldürmeye yönelik bir yasaklama, kişinin kendini savunma olasılığını ortadan kaldırmaktadır; sözgelimi bu kural, bir bebeğe saldırmak üzere harekete geçen bir yılanı zararsız hale getirmeyi meşru olmayan bir girişim olarak algılamaktadır. Bunun sonucunda bütün toplum, sadece sebze yemeye mahkûm edilecektir. Eminim, bütün öldürmelere karşı getirilecek bir yasaklamayla ortaya çıkacak güçlüklerin birçok örneğini gözünüzün önüne getirebilirsiniz.

21. *cinayet:* yasal olmayan biçimde insan öldürme; (bir veya daha fazla sayıda) insanın özellikle önceden tasarlanarak ve kin duygusu ile bir başkası tarafından öldürülmesi.

"Cinayet" tamamen farklı bir şeydir. Tanım itibariyle bunun anlamı, "bir ya da daha fazla kimsenin bir başkası tarafından, özellikle taammüden (kasten) öldürülmesidir." İçinde bulunduğumuz yoğun silahlanma çağında cinayet işlemenin artık son derece basit olduğu kolaylıkla görülebilir. İnsan, canı istediğinde başkalarını öldürebilecek kişilerin insafına bırakıldığı bir toplumda yaşayamaz.

Cinayetin önlenmesi ve cezalandırılması, haklı olarak en üst önceliğe sahiptir.

Akılsızlar, kötü niyetliler ve deliler, kendi gerçek veya hayali sorunlarını cinayet yoluyla çözmeye çalışmaktadırlar. Aslında bunu da bir hiç uğruna yaptıkları bilinir.

İnsanlığın karşısındaki bu tehdidi ortadan kaldıracak, etkinliği kanıtlanmış her programı destekleyin. Sizin kendi hayatta kalmanız buna bağlı olabilir.

Mutluluk yolu, cinayet işlemeyi ya da arkadaşlarınızın, ailenizin veya kendinizin bir cinayete kurban gitmesini kapsamaz.

9.

YASAL OLMAYAN HİÇBİR ŞEYİ YAPMAYIN.

"Kanunsuz eylemler," resmi makamların veya kanunların yasakladığı davranışlardır. Bunlar yöneticilerin, yasama organlarının ve yargıçların ortaya koydukları kurallar olup; çoğu kez yazılı yasalarda yer alırlar. Düzenli toplumlarda bunlar yayınlanarak halka açıkça bildirilirler. Belirsizliklerin bulunduğu–ve çoğu kez de suçluların yoğun olarak bulundukları – toplumlarda, ya bir avukata danışılmalı ya da özel olarak bu konularda bilgi edinilmelidir; böyle bir topluluk size, "kanunu bilmemenin, kanunu çiğnemek için mazeret olmadığını" öğretecektir.

Ancak bir toplumda yaşayan herkes, ister genç olsun, ister yaşlı, o toplumun "kanunsuz hareket" olarak değerlendirdiği hareketleri bilmek zorundadır. Bu bilgiler, o halkın ileri gelenlerinden sorulabileceği gibi, kütüphanelerde de bu konuda başvurulacak kitaplar mevcuttur.

Bir "kanunsuz davranış," "yatağa yat" gibi sıradan bir emre itaatsizlik türünden bir şey değildir. Kanunsuz davranış, mahkemeler ve devlet tarafından cezalandırılabilecek, ciddi sonuçları olan bir davranıştır; suçlu kişi de devletin propaganda[22] düzeninde topluma karşı maskara edilebilir,[23] para cezasına çarptırılabilir, hatta hapse atılabilir.

Kişi, önemli ya da önemsiz, bir yasayı ihlal ettiğinde, devletin saldırısına hedef olur. Kişi, yasal olmayan bir iş yapmışsa, yakalansa da yakalanmasa da savunmasını zayıflatmış olur.

Kişinin yapmayı arzu ettiği hemen her türlü değerli iş, yasal yollardan da mükemmel bir şekilde yapılabilir.

22. *propaganda:* bir kişinin kendi amacına yarayacak veya bir başkasına zarar verecek şekilde, çoğu kez gerçeğe uymayan fikirlerin, bilgilerin veya dedikoduların yayılması; bu tür yalanların basın, radyo veya televizyon yoluyla yayılarak muhatap kişinin yargılandığında suçlu bulunabileceği yalan haberleri yayma işi; bir kimsenin ününe, artık kendisine saygı gösterilmeyecek biçimde zarar verme işi.
23. *maskara etmek:* elaleme karşı rezil etmek, alay konusu etmek, küçük düşürmek ve aşağılamak amacıyla halkın önüne çıkartmak.

"Yasal olmayan" kestirme yol,
genellikle tehlikeli ve zaman kaybettiricidir.
Kanunsuz işlerdeki hayali "faydalar," genellikle bunların
sağlayabileceği düşünülen kârlara değmemektedir.

Devlet ve hükümetin işleme tarzı,
çoğu kez düşünmeyen bir makineye benzer.
Bunlar yasalarla kurulmuş olup, kurallarla işlerler.
Kanunsuz işlerin yollarını tıkayacak şekilde çalışırlar.
Böyle durumların amansız[24] düşmanıdırlar;
"kanunsuz işlere" karşı çok katıdırlar.[25]
Bir şeyin haklı veya haksız olmasının kanunlar
ve kanun kitapları karsısında pek bir
değeri yoktur. Sadece yasalar
göz önünde tutulur.

Çevrenizdekilerin "kanunsuz işler" yaptığını fark
ettiğinizde, onları bundan vazgeçirmek
için gerekli olan neyse yapmalısınız.
Zira siz bu işlerin içinde olmasanız dahi zarar
görebilirsiniz. Çalıştığınız firmanın muhasebecisi
kayıtlarında sahtekârlığa başvurabilir: durum
ortaya çıkınca firma iflas edebilir ve
siz de işinizi kaybedebilirsiniz.
Böyle durumlar kişinin kendi hayatta
kalmasını ciddi boyutlarda etkileyebilir.

24. *amansız:* sakinleştirilemeyen, tatmin edilemeyen, yatıştırılamayan.
25. *katı:* sert; fikrinden caymaz; boyun eğmez; teslim olmaz; uyumsuz; ısrarlı.

Yasalara uyan bir grubun üyesi olarak,
yasa hükümlerinin açıkça ilanını destekleyin ki,
onları herkes bilsin. Bulunduğunuz grubu ilgilendiren
yasa hükümlerini ortaya koyan, açıklayan
ve maddeler halinde sunan bütün yasal politik
girişimleri destekleyin. Yasa önünde herkesin eşit
olduğu ilkesine bağlı kalın; bu ilke bir
zamanlar—aristokrasinin[26] zulüm[27] günlerinde—insanlık
tarihinin en büyük sosyal gelişmelerinden birini
temsil etmiş olup; bugün de bu husus
gözden kaçırılmamalıdır.

Çocukların ve yetişkinlerin, neyin "kanuni," neyin
"kanunsuz" olduğunu öğrenmelerini sağlayın.
En azından bir kaş çatışınız ile "kanunsuz işleri"
onaylamadığınızı onlara bildirin.

Kanunsuz işlerle uğraşanlar
"bu eylemleri cezasız kalsa" bile devletin
kudreti karşısında giderek güçsüzleşirler.

Mutluluğa giden
yol yakalanma korkusu içermez.

26. *aristokrasi:* soylular, ayrıcalıklılar sınıfı; çok az kişiden oluşan özel imtiyazı, rütbesi ve yapısı olan hükümet; halka uygulanan genel yasanın üzerinde yer alan küçük seçkin bir tabaka; bu kesim doğum yoluyla babadan oğula geçenlerden veya bulundukları konum açısından üstün olarak kabul edilen insanlardan oluşur ve başkalarının uyması için yasalar çıkarıp bunları uygulatırlar fakat kendileri bu yasalardan etkilenmezler.
27. *zulüm:* güçlü bir kimsenin yasaya ve vicdana aykırı olarak başkasına yaptığı kötü, acımasız, ezici davranış, işkence.

10.

BÜTÜN BİR TOPLUMA HİZMET İÇİN OLUŞTURULAN VE BU YÖNDE ÇALIŞAN BİR HÜKÜMETİ DESTEKLEYİN.

Vicdansız, ahlaksız
ve kötü niyetli insanlar ve gruplar, devlet yönetim
ini ele geçirerek, kendi çıkarları için kullanabilirler.

Yalnızca kendi çıkarlarını düşünen bireylere ve gruplara
hizmet için kurulmuş ve bu amaç için çalışan bir
hükümet, toplumun ömrünü kısaltmış olur.
Böyle bir durum o ülkede yaşayan herkesin yaşamını
tehlikeye sokar; buna teşebbüs edenlerin kendileri
bile büyük bir tehlikenin içindedirler.
Tarih bu şekilde yok olan hükümetlerin
örnekleri ile doludur.

Bu tür hükümetlere direnmek
genellikle daha da fazla şiddet getirir.

Fakat bu tür
istismarlar yaygınlaştığında,
kişi itidal içinde sesini yükseltebilir.
Kişinin böyle bir hükümeti aktif
olarak desteklemesine gerek yoktur;
yasa hükümlerini çiğnemeksizin,
yalnızca desteğini çekmek suretiyle,
daha sonra çıkarılabilecek bir
reforma ön ayak olmak mümkündür.
Şu anda bu satırlar yazılmakta iken dahi,
dünyanın birçok yerinde,
desteklerini çekmek suretiyle sessiz
muhalefetlerini gösteren insanlar yüzünden
yıkılmakta olan birçok hükümet mevcuttur.
Bu hükümetler tehlikededir: ne zaman
geleceği bilinmeyen talihsiz bir
rüzgâr onları silip süpürür.

Öte yandan bir hükümetin özel
bir çıkar grubuna veya akıl hastası bir diktatöre
hizmet etmeyip, sadece TÜM halkı için
yoğun bir şekilde çalıştığı durumlarda,
kişinin bu hükümeti sonuna kadar
desteklemesi gerekir.

Hükümet yönetimi diye bir konu vardır.
Okullarda ise, çoğunlukla "yurttaşlık bilgisi"
adı verilen ve sadece mevcut yöne
timin nasıl oluştuğunu öğreten bir ders okutulmaktadır.
Oysa gerçek "hükümet yönetimi" konusu;
siyasi ekonomi, siyasi felsefe, siyasi iktidar vb.
gibi çeşitli başlıklar altında incelenir.
"Hükümet yönetimi" konusu ve hükümetin
nasıl işlediği hususu çok ayrıntılı olup,
teknik bir alandır. Eğer ileride sorun
yaratmayacak daha iyi bir yönetim tarzı arzu
ediliyorsa, hükümet yönetimi konusunun okullarda,
daha küçük sınıflardan itibaren okutulmaya
başlanması önerilmelidir; bireyler de bu
konulardaki bilgileri okuyabilirler,
karmaşık sözcüklere, sözlükten bakılırsa
hiç de zor konular değildirler.

Ülkeleri için terleyip,
savaşarak kan dökenler, o ülkenin insanları ve kendi
fikir adamlarıdır—bir hükümet kan dökemez,
gülümseyemez bile: hükümet
insanların zihinlerindeki bir fikirdir.
Canlı olan ise bireyin kendisidir—o *sizsiniz.*

Mutluluk yolu
zorba bir hükümetin
baskısıyla gölgelendiğinde,
bu yolda ilerlemek zordur.
TÜM halk için kurulmuş ve
hizmet eden iyi huylu bir hükümet,
işleri düzeltmesi ile bilinir: böyle
olduğunda da desteklenmeyi hak eder.

11.

İYİ NİYETLİ[28] BİR İNSANA ZARAR VERMEYİN.

Aslında kendileri kötü olan insanların; bütün insanların kötü olduğu şeklindeki ısrarlı görüşlerine rağmen, çevremizde birçok iyi insan vardır. Bunlardan bazılarını tanıma şansını yakalamış bile olabilirsiniz.

Esasen toplum, birçok iyi insanın, erkeklerin ve kadınların çabaları ile ayakta kalır. Devlet memurları, fikir adamları, özel sektörde görev yapanlar ve büyük bir çoğunluk iyi niyetli kimselerdir. Eğer öyle olmasalardı, bu kimselerin uzun zaman önce görevlerinden ayrılmış olmaları gerekirdi.

28. *niyet:* başkalarına karşı olan tutum veya davranış; mizaç. Geleneksel olarak "iyi niyetli insanlar" sözü hemcinslerine karşı hiçbir kötü düşünce beslemeyen ve onlara yardım etmek isteyen kimseler için kullanılır.

Bu gibi insanlara saldırmak kolaydır:
dürüstlüklerinden dolayı kendilerini korumak
için fazla tedbir almazlar. Ancak bir toplumdaki
bireylerin çoğunluğunun yaşamlarını sürdürmeleri
bu iyi niyetli insanlara bağlıdır.

Terörist, propagandacı,
sansasyon peşindeki medya mensubu,
bütün bu insanlar, kişinin dikkatini;
"eğer iyi niyetli kimseler var olmasaydı,
toplumda işlerin kesinlikle yürümeyeceği"
gerçeğinden uzaklaştırıp, başka yönlere
çevirmek için ellerinden geleni yapmaya çalışırlar.
Bu dürüst insanlar sokakları kollarken,
çocuklara eğitim verirken, yataklarında
hasta yatanların ateşlerini kontrol ederken,
yangınları söndürürken ve mantıklı,
sakinleştirici bir tarzda konuşurken,
bu iyi niyetli insanların, dünyamızın birçok
işini yaptıkları ve yeryüzünde yaşayan
insanları canlı tuttukları gerçeği
göz ardı edilmektedir.

Bütün bunlara rağmen bu insanlara saldıranlar çıkmaktadır ve bu insanların korunması için ciddi tedbirlerin önerilmesi ve bu tedbirlerin alınarak onların her türlü tehlikeye karşı korunmaları gerekmektedir. Çünkü hem sizin, hem ailenizin, hem de dostlarınızın güven içinde yaşayabilmeniz bu insanlara bağlıdır.

Mutluluk yolu,
insan iyi niyetli kişileri desteklediğinde
çok daha kolaylıkla yürünecek bir yoldur.

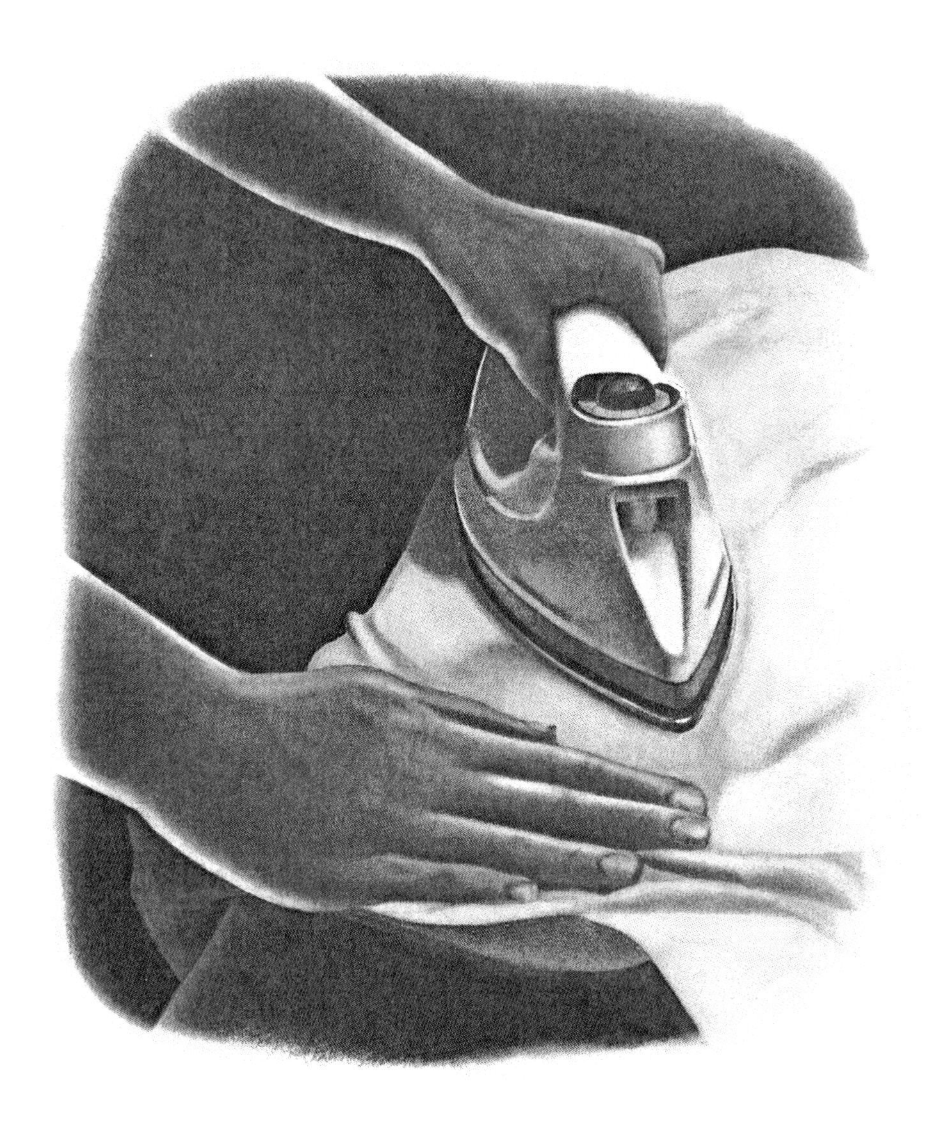

12.

ÇEVRENİZİ KORUYUN[29] VE GELİŞTİRİN.

12–1.

Dış görünüşünüze özen gösterin.

Bireyler çoğu kez—bütün günlerini
kendilerini seyrederek geçirmediklerinden—
başkalarının seyrettikleri görüntünün
bir parçası olduklarını düşünmezler.
Çoğu kimse de başkaları
tarafından dış görünüşlerine
göre yargılandıklarının
farkında değildirler.

Giysiler pahalı olabilir; ancak sabun ve öteki bakım
malzemelerinin temini o kadar güç değildir.
Kendine bakmanın inceliklerini
bilmek her zaman mümkün olmayabilir;
ama bu beceri de geliştirilebilir.

29. *korumak:* zarar görmesini önlemek; muhafaza etmek.

Bazı toplumlarda insanlar, barbarlığa
özendiklerinde veya seviyesizleştiklerinde, göze hoş
gelmeyen görünümler içinde gezinmek toplumda moda
haline bile gelebilir. Esasen bu, bir kişinin kendisine
duyduğu saygı eksikliğinin belirtisidir.

Spor yaparken veya çalışırken insanın
üstü başı çok kirlenebilir. Fakat böyle olması,
temizlenme gereğini ortadan kaldırmaz.
Örnek olarak, bazı Avrupalı ve İngiliz
işçilerin çalışırken bile düzgün giyinenleri vardır.
Bazı zirvedeki atletlere baktığınızda, üstleri
başları kan ter içinde bile olsalar, yine
de çok güzel bir görünüş sunarlar.

Üstü başı darmadağın insanların
görüntüsünü bozduğu bir çevre, kişinin
morali[30] üzerinde iç karartıcı
bir etki yaratabilir.

Çevrenizdeki kişileri, görünüşlerinin iyi
olması için teşvik edin; böyle yapmadıkları
zaman kendilerini yumuşak bir şekilde uyarın.
İyi giyinmeleri, onların kendileri
hakkındaki düşüncelerini, aynı
zamanda morallerini
de düzeltecektir.

30. *moral:* bir bireye veya gruba ait zihinsel ve ruhsal tutum; iyi olma duygusu; bir şeyi sürdürebilme istekliliği; ortak amaç duygusu; ortak bir amacı paylaşma hissi.

12-2.

Kendinize ait alanlarınıza özen gösterin.

Bazı insanlar kendilerine ait eşyalarını ve yaşadıkları bölgeyi karmakarışık bir duruma getirirlerse, bu karışıklık sizin alanınıza da taşabilir.

Eğer insanlar, kendi eşyalarını ve bulundukları çevrelerini düzenli tutma yetisine sahip değilseler, bu onların kendilerini, orada evde hissetmediklerinden ve eşyalarını da gerçekten kendi eşyaları olarak görmediklerindendir. Çocukken bu eşyalar kendilerine çok fazla tembih ve şart koşularak "verilmiş" veya bunlar ailesi ve kardeşleri tarafından tekrar ellerinden geri alınmıştır. Ve muhtemelen, bu kişilerde istenmedikleri hissi oluşmuştur.

Bu insanlara ait olan eşyaların, odaların, çalışma alanlarının ve kullandıkları vasıtaların durumu, bunlar sanki hiç kimseye ait değillermiş gibidir. Daha da kötüsü, bazen bu nesnelere karşı bir öfke duyulduğu görülmüştür. Vandalizm[31] bunun açık bir göstergesidir: "kimseye ait olmayan" ev veya araba kısa zamanda tahrip olacaktır.

31. *vandalizm:* tahripkarlık; eski kültür ve sanat anıtlarını yakıp yıkma anlayışı, tutum ve davranışı; halka veya özel mülke yönelik kasti ve haince tahribat; özellikle sanat eserlerine yönelik saldırılar.

Dar gelirliler için sosyal evler yapan ve
bunları korumaya çalışanlar (devlet), bu
binaların ne kadar hızlı bir şekilde
yıprandıklarını gördüğünde dehşete düşer.
Fakirlerin, kelimenin tam anlamıyla ya hiçbir
şeyleri yoktur ya da pek az şeyleri vardır.
Çeşitli şekilde itilip kakılan bu
insanlar, sonunda hiç bir yere ait
olmadıkları hissine kapılırlar.

Öte yandan, zengin ya da fakir,
her ne sebeple olursa olsun, mallarına ve
bulundukları yerlere özen göstermeyen insanlar,
kendi çevrelerine de kargaşa yayarlar.
Eminim ki sizin de tanıdığınız böyle kimseler vardır.

Bu insanlara hayatta gerçekten neye sahip
olduklarını ve bulundukları yere gerçekten ait olup
olmadıklarını sorun; bazı şaşırtıcı yanıtlar alacaksınız.
Ve aynı zamanda onlara büyük oranda
yardım edeceksiniz.

Mülkü ve çevreyi
düzenli tutma yetisi öğrenilebilir.
Bazılarına bir eşyanın alınıp kullanıldığı
zaman tekrar yerine konulması ve böylece
arandığında tekrar bulunabilmesi fikri
çok yeni gelebilir; bazı kimseler zamanlarının
yarısını eşyalarını aramakla geçirirler.
Derli toplu olmak için harcanacak
biraz zaman, yapılacak işin
çabuklaşmasıyla tekrar kazanılır:
bazılarının sandığı gibi bu bir
zaman kaybı değildir.

Kendi eşyalarınızı ve bulunduğunuz yeri korumak
için başkalarının da kendi alanlarına
özen göstermelerini sağlayın.

12–3.

Gezegenimizin korunmasına yardım edin.

Bireyin üzerinde yaşadığımız gezegende bir payı
olduğu ve bu gezegenin korunmasına yardımcı
olması gerektiği fikri bazılarına çok iddialı ve
belki de gerçeklerden uzak gelebilir.
Ama bugün görüyoruz ki; ne kadar uzakta
olursa olsun, dünyanın başka bir yerindeki
herhangi bir olay, kendi evimizin içinde
olanları da etkileyebilmektedir.

İnsansız uzay araçlarıyla Venüs'e yapılan
geziler sonucu sağlanan keşifler göstermektedir ki;
üzerinde yaşadığımız dünya, yaşamı kaldıramayacak
bir dereceye kadar kötüleşebilir. Bunu
kendi yaşam süremiz içinde bile
görmemiz mümkün olabilir.

Haddinden fazla ağaç keser, nehirleri ve
denizleri kirletir, atmosferi tahrip edersek,
bu gezegende artık yapacak işimiz kalmayacaktır.
Yeryüzünün ısısı kavurucu boyutlara ulaşabilir,
yağmur sülfürik aside dönüşebilir.
Bütün canlılar ölebilir.

İnsan bu durumda şöyle sorabilir:
"Peki bunların hepsi doğru olsa bile,
ben bu konuda ne yapabilirim?"
Eğer kişi, insanların gezegene zarar veren
davranışlarına karşı kaşlarını bile çatsa,
bu konuda bir şey yapmış olacaktır.
Kişi sadece, gezegeni tahrip etmenin iyi bir şey
olmadığını söylese, bu bile bir katkıdır.

Gezegenimizi korumak,
önce evimizin önündeki bahçeyi korumakla başlar.
Sonra okulumuza veya işimize gittiğimiz yolu,
piknik yaptığımız alanları ve tatil
yaptığımız yerleri korumakla sürdürülür.
Toprağı ve su kaynaklarını kirleten çöpler,
yangına sebep olan çalı çırpılar;
insanların bunlara katkıda bulunması gerekmez
ve insan boş vakitlerinde bu konuda bir şeyler yapabilir.
Bir ağaç dikmek belki ufak bir şey gibi görünebilir,
ancak yine de bir katkıdır.

Bazı ülkelerde yaşlılar ve işsizler sadece,
ellerini kollarını bağlayıp ölümü beklemezler:
aksine, bahçelerde, parklarda ve ormanlarda çalışırlar,
buralardaki çöpleri toplayarak dünyamızın
güzelliğine katkıda bulunurlar.
Gezegenimizin korunmasına yardımcı
olmak için her türlü imkâna sahibiz.
Bu imkânlar ne yazık ki çoğunlukla göz ardı
edilmektedir. ABD'de 1930'larda faal
olan Çevre Koruma Halk Örgütleri, işsiz subayların ve
gençlerin enerjilerinden yararlanarak, ekonomik
sıkıntının hâkim olduğu o dönemde, devlete,
harcadığından çok daha fazla servet sağlamıştı.
Geniş bölgeler ağaçlandırılmış, gezegenimizin
ABD'nin bulunduğu kesimini koruyarak
buralara başka değerli hizmetlerde bulunulmuştur.
Yine hatırlanacaktır ki; artık Çevre
Koruma Halk Örgütleri mevcut değildir.
En azından böyle projelerin yararlı olabileceği
şeklinde fikirler öne sürerek çevre çalışmalarına
önayak olan fikir adamlarını ve bu alanda
çalışan örgütleri destekleyebiliriz.

Teknolojimiz yetersiz değil.
Ama teknoloji ve uygulanması belli bir maliyeti gerektirir.
Makul ve kimseyi mağdur etmeyen ekonomik
politikalar uygulandığında para bulunabilir.
Bu tür politikalar mevcuttur.

İnsanın gezegenimizin korunmasına yardım
etmek için yapılabileceği pek çok şey vardır.
Önce bu konuda bir şey yapılması
gerektiği fikri ile işe başlanır.
Sonra bu konudaki fikirler başkalarına
da önerilerek işe devam edilir.

İnsan gezegenini tahrip edecek güce ulaşmıştır.
Bu gücü gezegeni kurtarmak için
kullanmaya yönlendirmelidir.

Her şeye rağmen burası üzerinde durduğumuz yerdir.

*Diğer insanlar çevrenin korunmasına ve
geliştirilmesine yardım etmezse, mutluluk yolunu
inşa etmek için üzerinde yürüyebileceğimiz
bir alt yapı bile olmayacaktır.*

13.

ÇALMAYIN.

Mülkiyet hakkına
saygı duymayanın kendi malları ve eşyaları
da tehlike altındadır.

Herhangi bir nedenle dürüstçe mal
edinememiş bir kişi, hiç kimsenin hiç
bir şeye sahip olamayacağını iddia edebilir.
Ama sakın onun ayakkabılarını
çalmaya kalkışmayın!

Bir hırsız çevresine güvensiz ve şüpheli duygular eker.
İnsanlar; ne oluyor ne bitiyor diye şaşkınlığa düşerler.
Hırsızın açtığı zarar, çaldıkları eşyaların
değerlerinden çok daha fazladır.

İstek uyandıran cazip malların reklâmları ile kuşatılmış, çalışma yetisinden yoksun, acılar içinde kıvrananlar –ki insanlar değerli bir iş yaparak bu mallara sahip olabilirler–sadece içlerinden gelen bir dürtünün etkisiyle hırsızlık yaparak, kıymetli bir malı çok ufak bir maliyetle elde ettiklerini sanırlar. İşte sorunda burada yatıyor: maliyet. Hırsızın ödediği gerçek bedel, zannettiğinden çok daha büyüktür. Tarihin en büyük hırsızları, çaldıklarının karşılığı olarak, "hayatlarının en güzel yıllarını" berbat gizli köşelerde saklanarak ya da hapishanelerde geçirmişlerdir ve " iyi yaşam sürdükleri" günleri yok denecek kadar azdır. Çaldıkları değerli malların, ne kadar değerli olursa olsunlar hiçbiri böyle bir kaderi yaşamalarına değmezdi.

Çalınan eşyaların değeri büyük ölçüde düşer: bunların bir yerde saklanmaları gerekir: bunlar bunları saklayanların özgürlükleri açısından daimi bir tehdit olarak kalır.

Komünist ülkelerde bile hırsızlar hapse atılırlar.

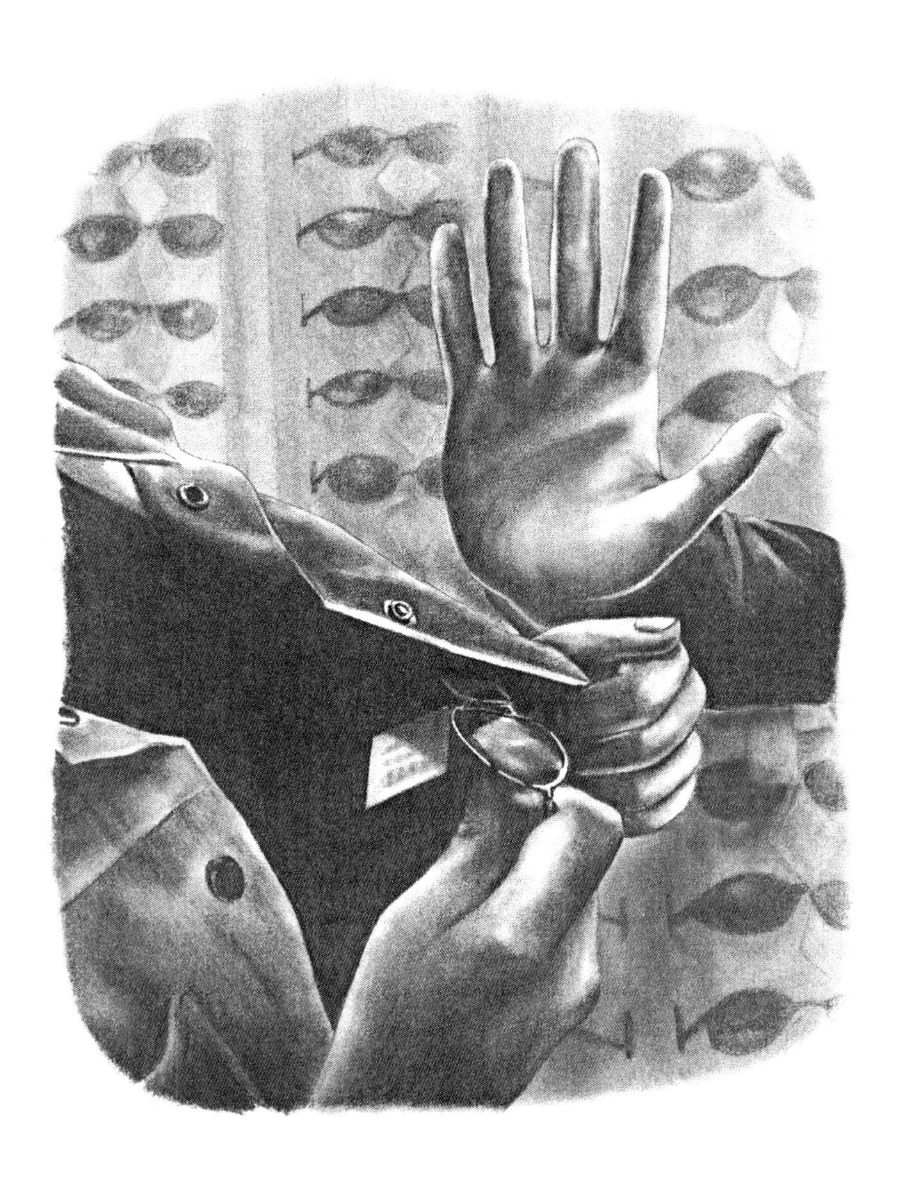

Çalmak, esasen kişinin dürüst yollardan para kazanamadığının bir kabulü ya da karakterinde bir delilik tarafının olduğunun göstergesidir. Hırsıza bunlardan hangisinin doğru olduğunu sorun, size ya biri ya da öteki diyecektir.

Mutluluk yolunda çalıntı mallarla yürünülemez.

14.

GÜVENİLİR OLUN.

Kişi çevresindekilerin dürüstlüğüne güvenemedikçe, kendisi de tehlike altındadır. Eğer güvendiği kimseler onu yüz üstü bırakırlarsa, hayatının düzeni bozulabilir, hatta hayatta kalması tehlikeye girebilir.

Karşılıklı güven, insan
ilişkilerindeki en sağlam yapı taşıdır.
Bu olmazsa bütün yapı çöker.

Güvenilirlik, toplumda
çok değer verilen bir özelliktir.
Kişi buna sahip olunca
değerli olarak görülür.
Bunu kaybettiği zaman ise,
değersiz olarak kabul
edilir.

Kişi çevresindekilerin bu nitelikleri
göstermelerine ve kazanmalarına
neden olmalıdır. Onlar bu suretle
hem kendi değerlerini, hem de
diğerlerinin değerlerini
arttıracaklardır.

14–1.
Verdiğiniz sözü tutun.

Kişi bir taahhütte bulunduğunda, söz verdiğinde
veya yemin ederek bir şeyi vaat ettiğinde,
onu mutlaka gerçekleştirmelidir.
Eğer kişi, herhangi bir şeyi yapacağım diyorsa,
onu yapmalıdır. Yapmayacağım
dediği şeyi de yapmamalıdır.

İnsanın saygınlığı başkalarına verdiği
sözü tutup tutmamasıyla ölçülür.
Örneğin sözlerini tutmayan ana babalar bile,
çocuklarının gözünde değerlerinin
nasıl düştüğünü hayretle görürler.

Sözlerini tutan insanlara güven ve hayranlık
duyulur. Sözlerini tutmayan insanların
değeri çöpten farksızdır.

Verdikleri sözü tutmayanlara
çoğu kez başka bir fırsat verilmez.

Verdiği sözü tutmayan kimse,
kısa zamanda kendisini kapana kıstırılmış
hisseder, "teminatlar" ve "güvenceler"
gibi türlü yaptırımlara maruz kalır ve
başkaları ile olan normal ilişkileri tıkanır.
Kişiyi verdiği sözü tutmaması kadar
hemcinslerinden uzaklaştıran bir şey yoktur.

Bir kişi, başkasının kendisine verdiği sözü
hafife almasına asla müsaade etmemelidir.
Söz verildiği zaman onun tutulması
gerektiğinde ısrar etmelidir.
Verdiği sözü tutmayan insanlarla işbirliği yapmak
kişinin hayatını karmakarışık bir hale getirir.
Bu sıradan gelişigüzel bir mesele değildir.

Mutluluk yolunda insan
güvenebileceği kişilerle
çok çok daha kolay yürür.

15.

YÜKÜMLÜLÜKLERİNİZİ[32] YERİNE GETİRİN.

İnsan, hayatta yoluna devam ederken ister istemez bazı yükümlülükler altına girer. Gerçekten kişi doğuştan bazı görevlerle dünyaya gelir ve daha sonraları bunlara yenileri eklenir. Kişinin, ana babasına kendisini dünyaya getirmekten ve yetiştirmekten dolayı borçlu oluşu yeni veya alışılmışın dışında bir fikir değildir. Fakat ana babaların çocuklarından bu alacaklarını fazla ısrarla talep etmemeleri de kendi lehlerine değerlendirilir. Ama yine de bu bir borçtur: çocuk bile bunu hisseder. Ve hayat sürdükçe, kişinin, başka kimselere, dostlarına, topluma ve hatta dünyaya karşı sürekli olarak yükümlülükleri birikir.

32. *yükümlülük:* yararlanılan bir hizmet veya görülmüş bir iyilik karşılığında hissedilen sorumluluk veya borçlu olma durumu; birisinin izlemesi veya kaçınması gereken belirli bir eylem için bir görev, sözleşme, söz veya başka bir sosyal, ahlaki, ya da yasal gereklilik; başkasına borçlu olma duygusu.

Birinin görevlerini yerine getirmesine ve
borçlarını ödemesine müsaade etmemek
ona karşı yapılabilecek büyük bir haksızlıktır.
Bir bebek, çocuk ya da genç, üzerindeki
"borç yükünü" hafifletmek ister.
Evlatların bu amaçla kendi imkânları dâhilinde
karşılık sunma çabaları reddedilirse,
evlatlar büyük oranda "isyana" teşvik edilmiş olur.
Örneğin bebeğin gülümsemeleri, çocuğun beceriksizce
büyüğüne yardım etme çabaları, gencin
büyüklerine akıl vermeye çalışması veya
iyi bir oğul ya da kız olmak için yaptığı
çabalar fark edilmeden, takdir edilmeden
kalabilir; hatta bu çabalar yanlış yönlendirilmiş, çoğu
kez yanlış planlanmış olabilir, bunlar gelip geçicidirler.
Bu tür çabaların azlığı ile dağ kadar borcun
ödenemeyeceği düşünüldüğünde, bu kez bazı haklı
çıkarma mekanizmaları devreye girebilir:
"Benim kimseye borcum yok,"
"Aslında, onlar bana borçlu,"
"Dünyaya gelmeyi isteyen ben değildim,"
"Annem babam ya da bana bakanlar hiç de
iyi insanlar değiller," "hayat, yaşanmaya değmez,"
kişinin kendine verdiği yanıtlardan sadece birkaçıdır.
Bu arada yükümlülükler sürekli
birikip büyür.

"Borç yükü," eğer içinden çıkılacak bir yol bulunamazsa, insanın sırtında ezici bir yük olarak kalır. Her türden bireysel veya toplumsal dengesizliklere neden olur. Borç ödenmedikçe, alacaklılar, çoğunlukla farkında olmadan kendilerini en istenmedik tepkilerin karşısında bulurlar.

Borç yükü altında ezilmekte olan birine yardım etmek mümkündür. Kişinin; ahlaki, sosyal, mali yönden borçlu olduğunu ve henüz ödemediğini düşündüğü *tüm* borçları sıralanır ve *tamamının* ödeneceği makul bir plan yapılır.

Kişi, bir çocuğun veya yetişkinin, borçlu olduğunu düşündüğü mali olmayan borçlarını ödemek için gösterdiği çabaları takdirle karşılamalıdır: mali içerikli borçları da üzerinde karşılıklı olarak mutabık kalınacak bir anlaşma doğrultusunda ödenmelidir.

Çevrenizdekileri, ödemeyecekleri
kadar borç yükü altına girmemeleri
konusunda uyarın.

*Kişi başkalarının ona karşı olan
yükümlülüklerini ya da kendi ödenmemiş
yükümlülüklerini taşıdığı ve ödemediği sürece
mutluluk yolunda ilerlemesi çok zordur.*

16.

ÇALIŞKAN[33] OLUN.

Çalışmak her
zaman keyifli değildir.

Fakat pek az kişi amaçsız, avare ve monoton bir yaşantıdan mutlu olur: yapacak işleri olmayan çocuklar huysuzlukları ile annelerini üzerler; "işsizlik yardımı"[34] veya "işsizlik parası"[35] alan işsiz insanların amaçsız konuşmaları ve davranışları herkesçe bilinir; artık hayatta yapacak işleri kalmamış olan emeklilerin, hareketsizliklerinden dolayı ömürlerini kısalttıklarını istatistikler göstermiştir.

33. *çalışkan:* kendini çalışmaya ve incelemeye veren; aktif biçimde ve bir amacı yönelik olarak bir şeyler yapan; gayretli; tembel olma ve hiç bir şeyi başarıyla sonuçlandıramamanın karşıtı.
34. *işsizlik yardımı:* bir hükümet dairesi tarafından ihtiyaç içinde olanlara veya yoksullara verilen mal veya para.
35. *işsizlik parası:* bir İngiliz terimi, hükümetin sağladığı işsizlik yardımını ifade etmek için kullanılır.

Seyahat acentelerinin, boş vakitlerini geçirmek
için cezbettiği turistler bile, eğer kendilerine
yapacak bir şey verilmezse tur operatörüne
zor anlar yaşatabilirler.

Üzüntü, bizzat bir şeyle meşgul
olmak suretiyle giderilebilir.

Bir şeyi başarı ile sonuçlandırmak
morali yükseltir. Aslında üretimin,[36]
moralin temel kaynağı olduğu
örneklerle kanıtlanabilir.

Çalışkan olmayan kimseler iş yüklerini
çevresindekilerin üzerlerine atarlar.
Onlar başkalarına yük olma eğilimindedirler.

Tembel insanlarla geçinmek zordur.
İnsanın canını sıkmaları yanında
tehlikeli de olabilirler.

36. *üretim:* yararlı ve değerli bir şeyi üretme, bitirip ortaya koyma; veya sadece yapılması veya sahip olması değerli olan bir şeyi bitirme.

Böyle durumları çözmeye çalışanlara öneri, bu gibi insanlara çalışacakları bir meşguliyet bulmak ve onları çalışır hale getirmektir. Yapılacak en yararlı şey, onları hakiki bir şeyler üretebilecekleri bir işe yönlendirmektir.

Mutluluğa giden yol, gerçek üretime götüren çalışkanlığı içerdiğinde bir ekspres yol gibidir.

17.

BECERİ[37] SAHİBİ OLUN.

Karmaşık donanım
ve yüksek hızla çalışan makinelerin ve araçların
bulunduğu bir çağda kişinin kendisinin,
arkadaşlarının ve ailesinin yaşamlarını
sürdürmeleri büyük ölçüde başkalarının
genel becerileri üzerine kuruludur.

Piyasada, doğal ve insani bilimlerde ve yönetimde,
ehliyetsizlik[38] az ya da çok kişinin hayatını
ve geleceğini tehdit edebilir.

37. *beceri:* yaptığı işi iyi yapabilme, hüner, ustalık, maharet; kişinin yatkınlık ve öğrenime bağlı olarak, bir işi başarma, bir işlemi amacına uygun olarak gerektiği gibi sonuçlandırma yeteneği.
38. *ehliyetsizlik:* yetersizlik, yeterli bilgisi, hüneri veya yeteneği olmama durumu; beceriksizlik; büyük hatalar veya yanlışlar yapma.

Eminim bunun birçok
örneklerine tanık olmuşsunuzdur.

İnsanoğlu hep kendi kaderini
kontrol etme dürtüsüne sahip olagelmiştir.
Batıl inançlar, ilgili tanrıların gönüllerinin alınması,
avdan önceki dans ayinleri, bunların hepsi,
her ne kadar zayıf veya boş da olsa
insanın kendi kaderini kontrol etmesine
yönelik çabalar olarak görülebilir.

İnsan ancak düşünmesini öğrendikten,
bilgiye değer verdikten ve bu bilgiyi
maharetle uygulamaya koyduktan
sonra çevresine hükmetmeye başlayabilmiştir.
İnsanın en değerli "tanrı vergisi nimeti,"
herhalde becerikli olabilme potansiyelidir.

İnsanoğlu, sıradan uğraşlarda ve
etkinliklerde bile beceriye ve yeteneğe büyük
saygı duyar. Bir kahramandaki ve atletteki
(sporcudaki) bu becerilere neredeyse
tapmaktadır, insanoğlu.

Gerçek becerinin testi
ise neticededir.

Kişi sahip olduğu beceriler
oranında iyi şekilde hayatta kalır.
Beceriksiz olduğu oranda
da yok olur.

Her değerli uğraşı alanında beceri
sahibi olunmasını teşvik edin.
Ne zaman böyle bir beceri ile karşılaşırsanız
onu övün ve ödüllendirin.

Yüksek bir kalite seviyesi talep edin.
Bir toplum, ancak sizin,
ailenizin ve arkadaşlarınızın güven
içinde yasayabildiğiniz derecede iyidir.

Bir işte beceri sahibi olmanın koşulları
arasında; gözlem, inceleme ve
uygulama büyük önem taşır.

17–1.
Bakın.

Başkasının size anlattığını değil, kendi
gördüğünüz şeyi görün.

Gördüğünüz şey, *sizin* gördüğünüz şeydir.
Her şeye, hayata ve başkalarına etki altında
kalmadan bakın; herhangi bir önyargıyla,
korku perdesiyle veya bir başkasının
yorumuna göre bakmayın.

Başkaları ile tartışmak yerine, onların
bakmalarını sağlayın. Ufak bir gayretle,
insanların gerçekten *bakmalarını* sağlayabilirseniz;
en aşikâr yalanlar, en büyük riyakârlıklar
ortaya çıkabilir, en çapraşık bilmeceler çözülebilir
ve en şaşırtıcı itiraflar karşınıza gelebilir.

Eğer bir kimse, herhangi bir meseleyi
çok karışık ve tahammül edilemez görüyorsa
ya da bir kısır döngü içine girmişse, bu kişinin,
sadece biraz geriye çekilerek konuya
bakmasını sağlayın.

Baktığında genellikle çok net bir şey bulacaklardır.
Böylece gidip bir şeyler yapabileceklerdir.
Fakat o şeyi kendileri görüp, kendileri
gözlemlememişseler, onlar için çok az bir gerçeklik
ifade ederler ve bu durumda dünyadaki tüm
emirler ve cezalar içine düştükleri karışıklıktan
onları çıkaramayacaktır.

Biri, kişiye hangi yöne bakması gerektiğini
söyleyebilir ve ona gerçekten bakmasını tavsiye edebilir;
fakat vargıya kişinin kendisinin varması gereklidir.

Çocuk ya da yetişkin olsun, kişi için esas
gerçek, kendisinin gördüğüdür.

Gerçek beceri kişinin
kendi gözlem yeteneğine dayalıdır.
Ancak bu sağlandığında kişi kendinden
emin ve becerikli olabilir.

17–2.

Öğrenin.

Acaba sizin hakkınızda hiç yanlış bilgiye sahip olan başka biri oldu mu? Hiç böyle bir durum size sorun yarattı mı?

Bu size, yanlış bilgilerin ortaya çıkarabileceği büyük hasarlar hakkında bir fikir verebilir.

Siz de bir başkası hakkında böyle bir yanlış bilgiye sahip olmuş olabilirsiniz.

Yanlışı doğrudan ayırma, gerçeği anlamayı sağlar.

Etrafta birçok yanlış bilgi mevcuttur. Kötü niyetli kişiler, kendi amaçlarına hizmet amacıyla yanlış bilgiler yayarlar. Bazen bu, sadece gerçeği bilmemekten ileri gelebilir. Bu durum gerçek bilginin öğrenilmesini engeller.

Öğrenmenin esas işlevi; mevcut bilgiyi kontrol
etmekten, doğruyu yanlıştan,
önemliyi önemsizden ayırarak,
kişinin ulaşabileceği ve uygulayabileceği
sonuçlara ulaşmasından ibarettir.
Eğer kişi bunu yaparsa, beceri kazanma
yolunda ilerliyor demektir.

Herhangi bir "gerçeğin" testi, onun *sizin* için
doğru olup olmamasıdır. Eğer bilginin bütününü
ele almışsanız, anlamını tam olarak anlamadığınız
bütün kelimeleri netleştirmişseniz ve ifade edilen
kavramın bütününü gözünüzün önüne sermişseniz;
ancak yine de konu sizin gözünüze doğru
görünmüyorsa, o zaman bu size göre doğru değildir.
Onu kabul etmeyin. Eğer isterseniz, daha da ileri
giderek *kendinize* göre doğru olanı bulun.
Çünkü sonunda bu bilgiyi kullanacak ya da
kullanmayacak olan sizsiniz. Eğer kişi kör bir şekilde
"bilgileri" veya "gerçekleri," ona göre "bilgi"
veya "gerçek" gibi görünmedikleri halde, sadece
kendisine kabul etmesi gerektiği söylendiği
için kabul ederse, sonuç da mutsuz bir birey
olacaktır. Bu, bizi beceriksizliğin
kör kuyularına götürür.

Öğrenmenin bir başka türü ise, bilgileri
sadece hafızaya kaydetmektir–bu bilgiler,
kelimeler nasıl hecelenir, matematiksel
formüller ve tablolar nedir, hangi sıra ile hangi
düğmelere basılır ve bu türden bilgilerdir.
Ama en basit bir ezberleme eyleminde
bile kişinin bu malzemenin amacını,
nasıl ve ne zaman kullanacağını bilmesi gerekir.

Öğrenme işlevi sadece bir bilginin üstüne
başka bilgilerin eklenmesi değildir.
Öğrenme yeni bir anlayış ve işleri yapmak
için daha iyi yollar edinilmesidir.

Hayatta başarılı olan insanlar
öğrenmekten hiç vazgeçmezler.
Yetenekli bir mühendis yeni yöntemlere
ayak uydurur, iyi bir atlet sürekli
olarak kendi spor dalındaki gelişmeleri izler,
herhangi bir konudaki uzman kişi,
konusundaki yeni kitapları izler ve
sürekli olarak onlara başvurur.

Son model bir yumurta çırpıcısının,
çamaşır makinesinin veya son model
bir arabanın yetkin bir şekilde
kullanılabilmesi için, o konudaki
bilgilerin öğrenilmesi gerekir.
İnsanlar bunu ihmal ederlerse,
o zaman mutfakta kazalar ve ana
yollarda kanlar içinde yerlerde yatan
kazazedeler eksik olmaz.

Hayatta artık öğreneceği yeni hiçbir
şey kalmadığını düşünen, ukala bir kişidir.
Kendi önyargılarından ve öğrendiği
yanlış bilgilerden kurtulamayan ve onları,
kendine ve başkalarına yardım
edebilecek gerçekler ve bilgilerle
karıştıran kişi, tehlikeli bir kördür.

Kişinin gerçekten öğreneceği ve öğrendiğini
uygulayabileceği yollar vardır. Kısacası öğrenme,
konusunu iyi bilen bir öğretmenden ve/veya
içeriklerinin kolay anlaşıldığı kitaplardan;
kitaplarda kolay anlaşılmayan kelimeleri
tek tek arayıp bulmaktan;
o konudaki başka kaynak kitaplara da danışmaktan;
edinmiş olduğu yanlış bilgi ve şimdi artık
kendisi için doğru olduğunu öğrendiği
bilgi üzerinde yanlışı doğrudan ayırmaktan oluşur.
Edinilen sonuç, kesinlik ve olası bir beceri olacaktır.
Bu gerçekten parlak ve ödüllendirici bir deneyim olabilir.
Bu, tehlikeli bir dağa tırmanırken her
türlü dikenli böğürtlen çalıları arasından
mücadele ederek geçip, en nihai
zirveye erişerek bütün dünyaya yeni
bir bakış acısı kazanmaktır.

Bir uygarlığın yaşayabilmesi için okullarında, öğrenme alışkanlıklarının ve becerilerinin korunması şarttır. Bir okul, çocukların, gün boyunca ana babalarının ayaklarının altından uzak tutmak için konuldukları bir yer değildir. Sadece böyle bir amaç için fazla pahalı bir çözüm olurdu. Okul, çocukların düşüncesizce başkalarının sözlerini papağan gibi taklit etmeyi öğrendiği bir yer de değildir. Gerçekleri uygun bir şekilde ele almayı öğrenmeliler ki bugünkü yetişkinlerimiz orta yaşın üzerine çıktığında veya yaşlandıklarında, onlara kalan dünyayı devralmaya hazır olsunlar.

Kaşarlanmış suçlu hiçbir zaman öğrenmeyi
öğrenememiştir. Mahkemenin, aynı suçu işlerse
yeniden hapse gireceğini ısrarla belirtmesine
rağmen çoğu suçlular aynı suçtan tekrar hapse atılırlar.
Esasen suçlular giderek daha fazla yasa çıkmasına
neden olurlar ve bu yasalara uyanlar hep sıradan
dürüst vatandaşlardır; suçlular ise, ismi üzerinde,
bunlara uymayarak sürekli suç işlerler ve bir
türlü öğrenemezler. Bütün talimatlar ve emirler,
cezalar ve uygulanan sert tedbirler nasıl
öğrenileceğini bilemeyen ve de öğrenemeyen
insanları bir türlü ıslah edemez.

Yozlaşmış bir hükümetin özelliği—tarihte zaman
zaman bunun örneklerini görürüz—liderlerinin hiç
öğrenememeleridir: bütün kayıtlar ve sağduyu onlara
zulmün ardından felaket geleceğini söyleyebilir;
ancak bu tür liderlerle baş edebilmek için
hep sert devrimler gerekmiştir. Sözgelimi,
Hitler gibi bir diktatörden kurtulmak için
bir İkinci Dünya Savaşı'na gerek duyulmuştur.
Tabii ki bunlar insanlık için çok talihsiz olaylardı.
Bu kimseler asla öğrenememişlerdir. Onlar yanlış
bilgiler içinde zevk ve sefa âlemlerinde yüzmüşler,
bütün kanıtları ve gerçeğin kendisini reddetmişlerdir.
Bu yüzden onların zorla süpürülüp atılması gerekmiştir.

Ruh hastaları öğrenemezler.
Gizledikleri kötü amaçlarla yönlendirilirler
veya mantıklı düşünemeyecek haldedirler;
gerçek bilgiler ve gerçeğin kendisi bu insanların
algılama kapasitelerinin çok üzerindedir.
Bunlar yanlış bilgileri kişileştirmişlerdir.
Bunlar gerçekten kavrama ve öğrenme
yeteneklerini kaybetmişlerdir.

Kişisel ve sosyal sorunların büyük bir
çoğunluğu öğrenememe veya öğrenmeyi
reddetmeden kaynaklanmaktadır.

Çevrenizdeki bazı kişilerin hayatları,
öğrenim yöntemlerini bilemediklerinden dolayı
kontrolden çıkmıştır, çünkü bu kimseler öğrenemezler.
Siz de muhtemelen bu gibi örneklere
tanık olmuşsunuzdur.

Eğer kişi çevresindekilerin çalışmasını ve
öğrenmelerini sağlayamazsa, kendi çalışmaları
çok daha güçleşir, hatta kendi omuzları
üzerine aşırı bir yük biner, dolayısıyla
kendisinin hayatta kalma olasılığı
da büyük oranda azalır.

Kişi, bir başkasının kendisi
için gerekli olan bilgilere
ulaşmasını sağlayarak çalışmasını
ve öğrenmesine yardım edebilir.
Kişi sadece onların öğrendiklerini
teyit etmek suretiyle yardımcı olabilir.
Beceri kazanmada edinilen
gelişmeleri takdir etmek suretiyle
kişilere yardım etmek mümkündür.
Eğer istenirse daha da fazlası yapılabilir.
Başkaları da kendisine yardım edebilir.
Hiç tartışma olmaksızın; sadece,
kelimelerin anlamlarını öğrenip
öğrenmediği araştırılmak suretiyle yanlış
bilgiler ortaya çıkarabilirler.

İnceleyerek, öğrenememe nedenlerini bulup,
kişinin kendisi araştırmaya sevk edilmek
suretiyle buna ulaşılabilir. Hayat büyük
oranda bir deneme ve yanılma
ve deneyimlerden öğrenme alanı
olduğu için hata yapan insanın üzerine
gitmek yerine, bu hatanın nasıl
yapılmış olduğunu araştırarak onların
bundan bir şey öğrenmelerinin mümkün
olup olmadığını araştırabilirsiniz.

Arada sırada, bir insanın inceleyip
öğrenmesini sağlayarak, onun hayatta birçok
kargaşayı çözdüğüne tanıklık edip şaşırabilirsiniz.
Eminim ki bu konuyla ilgili birçok yollar
düşünüp bulabilirsiniz. İnanıyorum ki, yumuşak
yolların daha etkili olduğunu fark edeceksiniz.
Dünya, öğrenemeyen insanlar için zaten
yeteri kadar zor bir yerdir.

17-3.
Uygulama[39] yapın.

Öğrenilenler uygulandığında meyvesini verir.
Akıl yolu, tabii ki, sadece mantıklı olanı bulmak için izlenebilir: hatta bunda bir tür güzellik de vardır.
Fakat çoğunlukla söylendiği gibi, kişi öğrendiklerinin sonuçlarını görmeden bilge olup olmadığını bilemez.

Herhangi bir faaliyet, beceri veya mesleki araştırma alanı; hendek kazma, hukuk, mühendislik, yemek pişirme ya da ne olursa olsun, herhangi bir şey, ne kadar üzerinde çalışılmış olursa olsun, sonunda (asit testi gibi) bir ölçüt ile geçerli olduğunu kanıtlamak durumunda kalacaktır.
Acaba kişi bunu gerçekten YAPABİLİR mi?
Bu da *uygulama* gerektirir.

Film dublörleri, önceden alıştırma yapmazlarsa yaralanırlar.
Ev hanımlarının durumu da aynıdır.

39. *uygulama:* bir yeteneği elde etmek veya geliştirmek için devamlı olarak tekrarlamak veya alıştırma yapmak.

Güvenlik gerçekten de pek sevimli bir konu değildir.
Çünkü genellikle "dikkat et" ve "yavaş git" gibi
uyarılar getirir ve birçok kişi bu tür kısıtlamalardan
rahatsız olur. Ama başka bir yaklaşım tarzı daha vardır:
eğer kişi bol uygulama ile yeteneğini ve becerisini
geliştirmişse o takdirde aşırı "dikkat göstermesine"
ve "yavaş" hareket etmesine gerek yoktur.
Yüksek hızda ama güvenlik içinde çalışmak
ancak alıştırma ile mümkün olur.

Kişinin becerisi ve uzmanlığı, çalıştığı yaşın
hızına uyacak hale getirilmelidir.
Bu da ancak uygulama ile yapılır.

Vücudumuzu, gözlerimizi, ellerimizi
ve ayaklarımızı eğiterek alıştırma yoluyla
onları çeşitli işleri "kendileri yapar" hale getirebiliriz.
Artık bir sobanın nasıl yakılacağını veya arabamızı nasıl
park edeceğimizi "düşünmemize" gerek kalmaz:
kişi sadece YAPAR. Herhangi bir etkinlikte
"kabiliyet" denen şey çoğu kez sadece
yeteri kadar *uygulama yapmaktır.*

Herhangi bir hareketi bolca
uygulamadan da insan bir şeyler ortaya koyabilir.
Ama kişinin bunu düşünmeden, süratli ve doğru
yapabilmek için çok miktarda uygulama yapması gerekir;
yoksa kazalara zemin hazırlanmış olur.

İstatistikler, yeterli uygulama yapmamanın pek çok
kazanın başlıca nedeni olduğunu göstermiştir.

Aynı prensip zihin yoluyla edinilen
beceriler ve meslekler için de geçerlidir.
Mahkeme salonlarına gire çıka tecrübe
kazanmamış ve prosedürleri bilmeyen
avukatlar, duruşmada davanın seyrinde
ortaya çıkacak değişikliklere uygun zihinsel
manevraları çabucak yapabilmeyi öğrenememiş
olabilirler ve davayı kaybederler.
Hisse senetleri konusunda deneyimsiz bir borsacı
birkaç dakikada bütün servetini kaybedebilir.
Satış tecrübesi olmayan, prova yapmamış acemi
bir satıcı açlıktan ölecek hale gelebilir.
Bütün bunların tek çözümü sürekli uygulama
yapmak, durmadan uygulamak ve vazgeçmeden
uygulamayı sürdürmektir.

Bazen kişi öğrendiğini uygulayamadığını görür. Durum böyleyse, buradaki sorun, öğrenme sistemindeki hatada, öğretmende veya yazılı metinde olabilir. Talimatları okumak başka, bu talimatları uygulamaya koymak ise, tamamen bambaşka bir şeydir.

Zaman zaman, insan uygulamaya ile sonuca ulaşamayınca, üzerinde çalıştığı kitabı bir kenara atıp her şeye tekrar en başından başlamak zorunda kalabilir. Filmlerdeki ses kayıtlarının yapıldığı teknik de bu şekilde oluşmuştur: eğer kayıtların nasıl yapılacağına dair talimatlar olduğu gibi izlenirse, bir kuş sesi, sis kornasından ayırt edilemez, bundan dolayı aktörlerin bazı filmlerde ne dediklerini anlamak mümkün değildir. İyi bir ses kayıtçısının, kendi başına uzun süre çalışarak en iyisini yapabileceği yöntemi bulması gerekir. Ancak film sanayinde ise bunun tam aksini görüyoruz: sahne aydınlatması konusunda çok iyi kitaplar bulunduğundan, bu kitaplardaki talimatlar iyi izlenirlerse, insan gayet güzel bir sahne elde edebilir.

Ne yazık ki, özellikle yüksek hızda
teknikleşen toplumda, bütün etkinlikler
yeteri kadar anlaşılabilir metinlerle verilmemiştir.
Ama bu durumun kişiyi durdurmaması gerekir.
İyi metinler mevcut olduğunda, onları iyi
değerlendirin ve üzerlerinde çalışın.
İyi metinlerin olmadığı durumlarda, mevcut
eski bilgileri toplayın, bu bilgilerin üzerinde
çalışma yapın ve geriye kalan
kısmını çıkarmaya çalışın.

Ancak teori ve bilgi sadece yeterli
uygulama yapıldığında meyvesini verir.

Çevremizdeki insanlar, eğer görevlerini
gerçekten YAPABİLECEKLERİ ölçüde
uygulama yapmamışlarsa tehlikedeyiz demektir.
Çünkü nitelik değerlendirilirken "iş görebilir olma"
ile profesyonel beceri ve ustalık sahibi olma
arasında büyük bir fark vardır. Aradaki bu
mesafe ise *yeterli uygulama* ile aşılır.

İnsanların, bakmalarını, incelemelerini,
üzerinde çalışmalarını ve sonra yapmalarını sağlayın.
İşlerini hakkıyla yapabildikleri zaman da
onu bir profesyonel gibi yapana kadar sürekli
olarak uygulamalarını sağlayın.

Beceri, ustalık ve hızlı hareket etme,
büyük bir eğlence kaynağıdır: buna ancak yeterli
uygulama yaparak, sağlam bir şekilde ulaşılabilir.
Hızla değişen dünyada, düşük hızdaki insanlarla
birlikte yaşamaya çalışmak pek güvenli değildir.

Mutluluk yolunda en iyi,
beceri sahibi arkadaşlarla yürünür.

18.

BAŞKALARININ DİNİ İNANÇLARINA SAYGILI OLUN.

İnsan ilişkilerinin
temel taşını hoşgörü oluşturur ve bununla
iyi insani ilişkiler kurulabilir.
Dini hoşgörüsüzlüğün tarih boyunca
ve günümüzde neden olduğu katliamlar
ve acılar göz önüne getirildiğinde,
bu hoşgörüsüzlüğün iyi şekilde hayatta
kalmamıza oldukça karşıt bir eylem olduğu görülür.

Dini hoşgörü, insanın kendi inançlarını ifade
edemeyeceği anlamına gelmez. Ancak, insanın,
başkalarının dinsel inançlarını ve fikirlerini ortadan
kaldırmaya çalışmakla veya onlara saldırmakla, kısa
yoldan başına dert açacağı anlamına gelir.

Filozoflar eski Yunanistan zamanlarından
beri Tanrı'nın mahiyeti, insan ve evren hakkında
kendi aralarında sürekli tartışmışlardır.
Otorite sahiplerinin görüşleri gelip gidiyor.
Bugün kökleri nerdeyse eski Mısır ve Yunanistan'a
kadar uzanan "mekanikçilik"[40] ve "materyalizm"[41]
felsefeleri günümüzde hayli moda olmuştur.
Bu görüşler bir yandan her şeyin maddeden
kaynaklandığını vurgulayarak evrim teorisini
süslü ve inandırıcı sözlerle açıklamaya çalışırken,
öte yandan da iş başında olabilecek evrimin kendisini
de kullanabilen *ilave* faktörleri ihtimal dışı olarak
görmüyorlar. Bu düşünceler bugün "resmi"
felsefelerimizdirler ve hatta okullarımızda
okutulmaktadırlar. Bu görüşleri benimseyen
ve başkalarının inançlarına ve dinlerine
saldıran bağnaz taraftarları vardır:
bu kişilerin faaliyetlerinin sonucu
hoşgörüsüzlük ve tartışmalar doğmaktadır.

40. *mekanikçilik:* canlı varlıkları, organik olayları mekanik yasalara göre açıklayan öğreti; yaşamın sadece bir hareket olduğu ve tamamen fiziksel yasalarla açıklanabileceği görüşü. Leucippus ve Democritus (M.Ö. 460-370) tarafından öne sürülmüştür. Muhtemelen onlar da Mısır mitolojisinden almışlardır. Bu felsefeyi destekleyenler din konusu üzerinde durmanın yersiz olduğunu düşünmüşlerdir. Çünkü din, matematik terimlerle ifade edilememektedir. Dinsel çıkarcıların saldırısına uğramışlar ve sonra da kendileri dine saldırmışlardır. Robert Boyle (1627-1691) fizikte Boyle kanununu geliştirerek, doğanın hareket halindeki madde olduğu tezini ortaya atmıştır.
41. *materyalizm:* maddecilik, özdekçilik; evreni çok büyük veya çok küçük taşlar gibi sert nesnelerden oluştuğu şekilde gösteren metafizik teoriler ailesinden biri; bu tür teoriler onların fiziksel nesneler veya hareketlerine indirgendiklerini söyleyerek açıklarlar.

Eğer M.Ö. 5. yüzyıl ve daha öncesinden
beri tarihin en zeki insanları, dini veya din dışı
konularda bir türlü anlaşmaya varamamışlarsa,
öyle anlaşılıyor ki bu alan, insanın başkaları
ile olan ilişkilerinde uzak durması gereken
bir çeşit savaş meydanıdır.

Bu hırçın denizde,
ortaya parlak bir ilke çıkmaktadır:
kişinin tercih ettiğine inanma hakkı.

"İman" ve "inanç"
mantığa teslim olmak zorunda değildir:
bunlar mantık dışı olarak bile ilan edilemez.
İman ve inanç birbirinden apayrı konular da olabilirler.

Bu konuda verebilecek en
güvenli öğüt, insanların kendi istediği
inancı seçmekte özgür olduklarını ifade etmektir.
İnsan, kendi inançlarını başkalarının kabulüne
de sunmakta serbesttir. Ama kişi, başkalarının
inançlarına saldırmaya çalıştığında, daha kötüsü
başkalarına sadece dini inançları yüzünden saldırdığında
ve zarar vermeye kalkıştığında durum tehlikeli bir hal alır.

İnsanoğlu, türünün yeryüzünde ilk ortaya
çıkışından bu yana, dinlerde büyük teselli ve
huzur bulmuştur. Hatta bugünün "mekanikçisi"
ve "materyalisti" eski zamanlarda yaşamış kendi
dogmalarını yaymaya çalışan rahiplere benzemektedir.

İnançsız insanlar, oldukça acınacak kimselerdir.
Onlara inanacakları bir şey bile verilebilir.
Ama dini inanca sahip iseler onlara
saygı göstermelisiniz.

*Mutluluk yolu, insan başkalarının
dini inançlarına saygı göstermezse
çok çekişmeli bir hal alır.*

19.

BAŞKALARININ SİZE YAPMASINI İSTEMEDİĞİNİZ ŞEYLERİ SİZ DE ONLARA YAPMAYIN.

Birçok ülkede halk arasında asırlardır "Altın Kural"[42] diye bilinen bir ilkenin çeşitli biçimleri mevcuttur. Yukarıdaki başlıkta yer alan söz zararlı olan hareketlere yöneliktir.

42. *"Altın Kural":* hem Eski hem de Yeni Ahit'te yer alması nedeniyle her ne kadar bu ilkeye Hristiyanlık öğretisinin özü olarak bakılmaktaysa da birçok başka insan ırkları ve haklar altın kuraldan söz etmişlerdir. Bu kural Konfüçyüs'ün *Analects* adlı eserinde (M.Ö. 5. ve 6. Yüzyıllarda) yer almıştır. Konfüçyus da bu kuralı daha eski kaynaklardan almıştır. İlkel kabileler de bunu bilmektedirler. Bu kural özü aynı kalmakla birlikte değişik şekillerde Eflatun'un, Aristo'nun, Sokrat'ın ve Seneca'nın yaşadığı dönemde yaygındı. Binlerce yıldan beri insanlar tarafından ahlaki tutumların bir standardı olarak bilinmektedir. Daha önceki metinlerde bu ilke takip edilemeyecek kadar çok ideal olarak kabul edilse de, bu kitapta yeniden kelimelere dökülmüş bir şekli vardır. Bu şekli gerçek hayatta uygulamak mümkündür.

Yalnızca bir evliya, hayatta kimseye
zarar vermeksizin yaşamaya devam edebilir.
Ancak yalnızca bir suçlu gözünü kırpmadan
çevresindekilere zarar verebilir.

"Suç," "utanç" ya da "vicdan"
gibi yeteri kadar gerçek ve yeteri
kadar kötü olan duyguları tamamen
bir tarafa bırakacak olursak,
kişinin başkalarına verdiği zararın
tekrar kendi üzerine dönüp
onu kuşatabildiğini görürüz.

Düzeltilmesi mümkün olmayan hatalar vardır:
işlenen bir suç hiç bir şey olmamış gibi bir
kenara atılamaz. Cinayet bunlardan biridir.
Kişi, bu kitapta belirtilen
herhangi bir ilke çok ciddi biçimde
ihlal edildiğinde, artık telafisi mümkün
olmayan bir şekilde bundan zarar
görebileceğini hesap edebilir.

Bir başkasının hayatını mahvetmek kişinin
kendi hayatını da mahvetmesine sebep olabilir.
Toplum tepki gösterir—hapishaneler ve akıl
hastaneleri hemcinslerine zarar vermiş insanlarla doludur.
Ancak başka cezalar da mevcuttur: kişi yakalansa
da yakalanmasa da başkalarına karşı işlenmiş
olan zararlı hareketler, özellikle de gizli kaldıklarında,
kişinin başkalarına ve kendine karşı davranışlarındaki
ciddi değişiklere yol açar ve bunlardan acı çekmesine
neden olabilir, bu değişiklikler mutsuzluk kaynağıdır.
Hayatın eski mutluluğu ve sevinci
gözden kaybolur gider.

"Altın Kural'ın" bu biçimi
aynı zamanda yararlı bir sınavdır.
Kişinin başkasını bunu uygulamaya ikna etmesi,
onun, zararlı bir hareketin *nasıl bir şey olduğu*
gerçeğini öğrenmesini sağlar. Kişiye, *zararın* ne
olduğunu anlatır. Böylece *yanlış yapma* konusundaki
felsefi sorular, neyin yanlış olduğuna dair
tartışmalar, kişisel düzeyde yanıt bulmuş olurlar:
Bunun sizin başınıza gelmesini ister misiniz? Hayır mı?
O halde bu, toplumun gözünde zararlı ve yanlış
bir harekettir. Bu sosyal bilinçliliği uyandırır.
Ondan sonra kişinin, neyi yapması ve neyi
yapmaması gerektiği konularında bir
çözüm bulmasını sağlar.

Bazılarının zarar verici davranışlarından ötürü
herhangi bir rahatsızlık hissetmediği zamanlarda,
bireylerin iyi şekilde hayatta kalma olasılığı
çok aşağılara inmiş olur.

Eğer insanları bunu uygulamaya ikna
edebilirseniz, onlara kendi hayatlarını gözden
geçirebilecekleri bir ilke vermiş olursunuz ve
bu ilke bazıları için insan ırkına yeniden kabul
edilmelerinde onlara kapıyı açacaktır.

*Mutluluk yolu, kendilerini zararlı
eylemlerden alıkoymayanlara kapalıdır.*

20.

BAŞKALARININ SİZE NASIL DAVRANMASINI İSTİYORSANIZ SİZ DE ONLARA ÖYLE DAVRANMAYA ÇALIŞIN.

Bu, "Altın Kural İlkesinin" olumlu biçimidir.

Eğer biri, kendisine sadece "iyi ol!" dendiği için gücenmişse buna sakın şaşırmayın. Muhtemelen gücenme gerçekten "iyi olma" düşüncesinden kaynaklanmaz: esas nedeni, kişinin esasen bu sözün ne anlama geldiği hakkında yanlış bir algılamaya sahip olmasındandır.

Kişi "iyi davranışın" ne olduğuna
dair birbiri ile çelişen düşüncelere sahip
olabilir ve bu konuda karışıklığa düşebilir.
Kişi bunun gerçek anlamını belki hiçbir
zaman anlamamış olabilir;
öğretmen öğrencisine "davranış" notundan
pekiyi dahi verse öğrenci bu notu neden
aldığını anlamayabilir. Kişi, belki de
"çocuk ortalıkta dolanabilir ama ses çıkaramaz"
ya da "iyi olmak demek, boyun eğmektir,"
gibi anlamlara gelen çeşitli yanlış bilgileri
duymuş ya da benimsemiş olabilir.

Aslında iyi davranışı, kişinin tam olarak tatmin
olacağı şekilde açıklayan bir yol vardır.

Her zaman ve hemen her yerde
insanlık bazı değerlere
büyük önem vermiştir.
Bunlara erdemler[43] adı verilir.
Bu değerler bilge insanlara, kutsal insanlara,
evliyalara ve tanrılara atfedilmiştir.
Bunlar bir barbar ile kültürlü bir insan,
karışık ve düzenli bir toplum
arasındaki farkı vurgularlar.

43. *erdemler:* iyi insan davranışlarındaki ideal nitelikler.

"İyinin" ne olduğunu keşfetmek
için tanrısal buyrukları ya da filozofların
kalın ciltlerde yazılı felsefelerini usandırıcı
bir biçimde inceden inceye araştırmaya gerek yoktur.
Konu üzerinde kişinin kendisi de
düşünerek bunu bulabilir.

Bunu hemen hemen herkes
çalışarak elde edebilir.

Eğer kişi başkalarının kendisine nasıl
davranmalarını arzu ettiği üzerinde biraz kafa
yoracak olursa sonuçta bu insani erdemlere ulaşacaktır.
Sadece insanların *size* nasıl davranmasını
istediğinizi düşünün.

Herhalde, her şeyden önce başkalarının
size karşı *adaletli* davranmasını istersiniz:
başkalarının sizin hakkınızda yalan
söylemesini ve sizi sert veya yanlış bir
şekilde suçlamasını istemezsiniz,
değil mi?

Herhalde, arkadaşlarınızın ve birlikte olduğunuz
kimselerin size *sadık* olmalarını istersiniz,
onların size ihanet etmelerini istemezsiniz.

Onların size *iyi bir centilmenlikle,*
hilesiz veya aldatmacasız davranmalarını
istersiniz.

İnsanların size olan
davranışlarında *adil* olmalarını istersiniz.
Size karşı *dürüst* olmalarını ve sizi
kandırmamalarını istersiniz,
doğru mu?

Size karşı zalimce değil,
nazik bir şekilde davranılmasını
istersiniz, değil mi?

Muhtemelen, insanların
sizin haklarınıza ve duygularınıza karşı *düşünceli*
olmalarını istersiniz değil mi?

Moraliniz bozuk olduğunda,
başkalarının size karşı *sevecen*
olmalarını istersiniz değil mi?

Size bombardıman
yapmalarını değil, muhtemelen
kendilerini kontrol etmelerini
istersiniz, değil mi?

Herhangi bir hatanız veya
eksikliğiniz varsa, bir hata yapmışsanız,
insanların eleştirici değil, *hoşgörülü*
olmalarını istersiniz.

Suça ve cezaya bakmalarını
değil, daha çok sizi *affetmelerini*
tercih edersiniz,
doğru mu?

İnsanların size karşı
yardımsever olmalarını, kötü ve
haince davranmamalarını istersiniz.

Muhtemelen, başkalarının
sizden kuşku duymalarını değil,
size inanmalarını istersiniz.

İnsanların size
hakaret etmelerini değil,
size *saygı göstermelerini* istersiniz.

Muhtemelen, başkalarının
size karşı *kibar* olmalarını
ve size *itibarla* davranmalarını istersiniz.
Doğru mu?

İnsanların size
hayran olmalarını istersiniz.

Onlar için bir şey yaptığınız
zaman, muhtemelen sizi
takdir etmelerini istersiniz.
Doğru mu?

Muhtemelen,
insanların size karşı *dostça*
davranmalarını istersiniz.

Bazılarından belki
sevgi istersiniz.

Ve üstelik bu insanların,
bu şeyleri yapıyormuş gibi
görünmelerini değil, davranışlarında
oldukça samimi olmalarını ve size
doğruluk ve dürüstlükle
davranmalarını istersiniz.

Muhtemelen siz de başka
örnekler bulabilirsiniz.
Bu kitapta bulunan kurallar da vardır.
Ancak yukarıda, nelerin *erdemler*
diye adlandırıldığının bir özetini
güzel şekilde öğrenmiş
bulunuyorsunuz.

Kişinin, her zaman
çevresindekiler tarafından kendisine
böyle davranılmasıyla hayatının çok
hoş bir şekilde geçeceğini düşünmek için
çok büyük bir hayal gücüne ihtiyaç yoktur.
Üstelik kendisine bu şekilde davrananlara
karşı da kişinin çok fazla bir düşmanlık
duygusu beslemesi kuşkuludur.

İnsan ilişkilerinde geçerli
olan ilginç bir fenomen[44] vardır.
Biri, bir başkasına bağırıp çağırdığı
zaman, öteki de içgüdüsel olarak
ona bağırarak cevap verme eğilimindedir.
Kişi genellikle başkalarına karşı nasıl
davranırsa; genellikle ona da aynı
şekilde davranılır: kişi aslında
kendisine nasıl davranılacağı konusunda
örnek oluşturur. A eğer B'ye karşı kötü davranırsa;
B de A'ya karşı kötü davranır.
A, B'ye karşı dostça davranırsa;
B de A'ya karşı dostça davranır.
Eminim ki siz de bunun örnekleriyle
sürekli olarak karşılaşıyorsunuzdur.
Ahmet bütün kadınlardan nefret etmektedir;
bu yüzden kadınlar da Ahmet'ten nefret etmektedir.
Mehmet, herkese karşı sert davranmaktadır;
bu yüzden başkaları da Mehmet'e karşı sert
ve kaba davranmaktadır—eğer başkaları
bunu açıkça yapamıyorlarsa dahi, fırsat bulsalar
Mehmet'e karşı çok sert davranacaklardır;
bunu yapmak için gizli duygular beslemektedirler.

44. *fenomen:* gözlenebilen bir gerçek veya olay.

Hikâyelerin ve filmlerin sanal
dünyasında, olağanüstü kibar kötü adamlarla,
inanılmaz derecede becerikli çeteleri ve yalnız
başına hareket eden oldukça kaba saba[45]
kahramanları görmekteyiz. Hayat gerçekte
böyle değildir: gerçek kötü adamlar oldukça
kaba insanlardır, onların destekçileri ise
daha da kabadır; Napolyon ve Hitler
her yönden kendi adamlarının
ihanetine uğramışlardır.
Gerçek kahramanlar, rastladığınız
en sakin konuşan insanlar olup;
arkadaşlarına karşı da oldukça
kibar davranırlar.

Mesleklerinin zirvesine çıkmış olan erkek ve
kadınlarla görüştüğünüz zaman, onların belki de
rastladığınız en hoş insanlar olduğu izlenimini kısa
zamanda edinirsiniz. Bu onların zirvede olmalarının
nedenlerinden biridir: hemen hepsi, başkalarına karşı
en iyi şekilde davranmaya çalışırlar. Etraflarında olanlar
da buna yanıt verirler ve onlara karşı iyi davranarak
bazı ufak tefek eksikliklerini bile bağışlarlar.

45. *kaba saba:* görgüsü olmayan, davranışlarında dikkatsiz ve kibar olmayan insan.

Demek ki, kişi kendisine karşı nasıl davranılması gerektiğini düşünmek suretiyle insani erdemleri keşfederek bunları kendisine de uygulayabilir. O noktadan hareketle, sanıyorum kabul edeceksiniz ki, "iyi davranışın" gerçekten ne olduğu konusundaki her tür karışıklığı çözüme kavuşturmuşuzdur. İyi olmak, pasif olmaktan, ellerinizi kavuşturarak hiçbir şey yapmadan sessizce oturup ağlamaktan çok farklı bir şeydir. "İyi olmak" çok aktif olmaktır ve aynı zamanda güçlü bir etkiye sahip olmaktır.

Kasvetli, katı bir ciddiyetten insanın eline geçecek pek az eğlence vardır. Eskilerden bazıları erdemi uygulamak, asık suratlı ve kasvetli bir hayat gerektirirmiş gibi davrandılar, tüm zevklerin kötü olmaktan geldiği sonucunu çıkarma eğilimindeydiler: hiçbir şey gerçeklerden bu kadar uzaklaşamaz. Sevinç ve zevkler ahlaksızlıklardan *gelmez!* Tam aksine! Sevinç ve zevkler sadece dürüst kalplerde yaşayabilirler: ahlaksızlar, acı ve keder dolu inanılmaz feci yaşamlar sürdürürler. İnsan erdemlerinin kasvetli yaşamakla yakından uzaktan hiç bir alakası yoktur. Erdemler hayatın kendisine ait parlayan yüzlerdir.

Şimdi bir insan
etrafındakilere:
adaletle,
sadık,
centilmen,
insaflı,
dürüst,
nazik,
düşünceli,
sevecen,
kontrollü,
hoşgörülü,
affedici,
yardımsever,
inançlı,
saygılı,
kibar,
itibarlı,
hayran,
dostça,
sevgiyle
davranmaya çalışsa ve
bunu tüm *samimiyetiyle*
yapsa ne olurdu?

Belki biraz zaman alırdı, ama birçok
kişi de sonunda size aynı şekilde
karşılık vermez miydi?

Zaman zaman bazı aksamalar
olsa bile—insanın aklını başından alan
haberler, insanın, kafasına tokmak vurası
getirten hırsızlar, kişinin işine giderken geç
kaldığında hızlı şeritte yavaş giden aptal
sürücüler—bunların hepsi bize, insanın
kendisini yeni bir insan ilişkileri düzeyine
yükseltmesi gerektiğini oldukça bariz bir
şekilde göstermektedir. Böyle yapmakla,
kişinin iyi şekilde hayatta kalma potansiyeli
önemli oranda yükselecektir.
Dahası yaşamı kesinlikle çok
daha mutlu geçecektir.

Kişi, etrafındakilerin davranışlarını
etkileyebilir. Eğer bunu şimdiden yapmıyorsa,
her gün bir erdemi ele alarak, o gün için
o erdem üzerinde uzmanlaşması
çok daha kolay olacaktır.
Bunu yapmak suretiyle bu
erdemlerin hepsine sonunda
ulaşılacaktır.

Kişisel yararların yanı sıra,
kişi yeni başlayan insan ilişkileri çağına ne
kadar ufak olursa olsun, bir katkıda bulunabilir.

Bir göle atılan bir çakıl taşı çok uzaktaki
kıyıya kadar dalgalar yaparak etkisini devam ettirir.

Mutluluk yolu,
"Başkalarının size nasıl
davranmasını istiyorsanız
siz de onlara öyle davranmaya çalışın"
kuralını uygulayarak çok
daha aydınlık yapılabilir.

21.

GELİŞİN[46] VE BAŞARILI[47] OLUN.

Bazen insanlar,
kişiyi ezmeye, onun umutlarını, hayallerini
yıkmaya, kişinin geleceğini ve kendisini
yok etmeye çalışırlar.

Birine karşı kötü niyet besleyen biri,
alay etmek suretiyle ve daha başka
birçok yöntemler kullanarak onu
harap etmeye çalışabilir.

46. *gelişmek:* üretim ve çalışkanlık durumunda olma; etkili bir şekilde ilerleme; iyiye gitme; gözle görülür bir biçimde iyi duruma gelme.
47. *başarılı:* ekonomik başarıya erişme; yaptığı şeyde başarıya ulaşma.

Hangi nedenle olursa olsun
kişinin kendini geliştirme çabaları,
hayatta daha mutlu olma gayretleri
saldırı konusu olabilir.

Bazen insan bunlarla kişisel olarak
mücadele etmek mecburiyetinde kalabilir.
Ama nadiren başarısız olan uzun süreli
bir mücadele vardır.

Bu insanlar tam
olarak kişiye ne yapmaya çalışmaktalar?
Kişiyi olduğundan daha aşağıya doğru çekmeye çalışırlar.

Kişinin, onlara bir şekilde tehdit
oluşturduğunu düşünüyorlardır:
böylece söz konusu kişi dünyada ilerlerse
onu kendilerine bir tehdit olarak göreceklerdir.
Böylece çeşitli yollardan kişinin yeteneklerini
ve becerilerini azaltmaya çalışırlar.

Bazı akıl hastaları,
şöyle bir genel plan uygularlar:
"Eğer A daha başarılı olursa, benim
için bir tehdit unsuru oluşturabilir;
dolayısıyla ben, A'nın daha az başarılı
olması için elimden geleni yapmalıyım."
Hatta daha önce düşman olmasa bile,
bu tür davranışlar A'yı beklenmedik
bir biçimde düşman haline getirecektir.
Bu tür akıl hastaları için her zaman
sorun çıkartacakları bir yol bulmak kolaydır.
Bazıları bunu, sadece ön yargıdan veya
"birisini sevmemekten" dolayı yaparlar.

Ama girişimin şekli ne olursa
olsun bunların gerçek amacı,
söz konusu kişilerin hedeflerini
ufaltmak ve onların hayatta
başarısız olmalarına yol açmaktır.

Böyle bir durumla ve bu gibi insanlarla
baş etmenin ve onları yenmenin gerçek yolu,
maddi manevi gelişmek ve başarılı olmaktır.

Evet, böyle insanların, bir kimsenin
şansının arttığını gördüklerinde
çılgınlaştıkları ve çok daha
fazla saldırdıkları doğrudur.
Yapılacak şey onlarla gerekirse
mücadele etmek ve ilerlemeye
ve başarılı olmaya da vazgeçmeden
devam etmektir; çünkü bu insanların aslında
sizden istediği vazgeçmenizdir.

Eğer siz gittikçe daha başarılı olur ve
maddi manevi ilerlerseniz, söz konusu
kişiler size saldırı konusunda umutsuzluğa
düşebilir; saldırılarından tamamen
vazgeçebilirler.

Eğer kişinin hayattaki amaçları
değerli ise ve bu kitaptaki
kurallara biraz ilgiyle bağlı kalıyorsa;
kişi başarılı oluyorsa ve ilerliyorsa
kesinlikle muzaffer olacaktır.
Ve yine umulur ki; hiç kimsenin
başındaki bir tek tel
saça bile zarar
veremeyeceklerdir.

Benim, sizin için de tek dileğim şey:
gelişim gösterin ve başarılı olun!

SON SÖZ

Mutluluk,
değerli etkinliklerde bulunmakla sağlanır.
Ayrıca, dünyada size, sizi mutlu edecek şeyin ne olduğunu
söyleyebilecek tek bir kişi vardır—o da kendinizsiniz.

Bu kitapta verilen ahlaki kurallar sadece
ana yolun kenarındaki trafik çizgileridir.
Bu çizgileri aşarsanız, yolun dışına çıkarak
hendeğe yuvarlanan bir motosiklet sürücüsüne
dönersiniz—sonuç malum, birkaç saniye içinde;
bir ilişki, bir yaşam son bulacaktır.

Bu yol üzerinde; bir saat boyunca veya bir ilişki
süresince veya bir yaşam dönemi ne kadar
yürüyeceğinize ancak siz karar verebilirsiniz.

Kişi, zaman zaman kendini çamurlu bir yolda rüzgâra
kapılıp giden bir yaprak gibi ya da bir köşede
unutulmuş kum tanesi gibi hissedebilir.
Hayatın sakin ve düzen içinde olduğunu
kimse söylemedi ki: hayat böyle değildir.
Kişi ne kurumuş bir yaprak ne de unutulmuş bir
kum tanesidir: kişi, kendi yaşamının rotasını
az çok kendisi belirler ve bu rotayı izler.

Kişi, bazen artık herhangi bir şey yapmak
için çok geç olduğunu düşünebilir, geçmişin
rotası o kadar karışıktır ki, mevcut olandan
daha farklı bir gelecek rotası çizmek için
hiçbir olanak görünmemektedir:
yolda daima yeni bir nokta vardır ki, kişi işte
oradan itibaren kendine yeni bir rota çizebilir.
Siz öyle yapın ve bu rotayı izlemeye çalışın.
Dünyada yaşamakta olan ve yeni bir başlangıç
yapamayacak hiçbir insan mevcut değildir.

En küçük bir yalanlama korkusu olmaksızın,
başkaları insanı çeşitli şekillerde yolun dışına
çıkarmaya ve ahlaksız bir yaşama sürüklemek
için ayartmaya çalışabilirler: tüm bu insanlar
kendi çıkarlarına sizi alet etmek için öyle
yapıyorlardır ve insan onlara kulak verirse,
kendi sonu facia ve keder olacaktır.

Doğal olarak kişi bu kitapta yer alan ilkeleri
uygulamaya veya başkalarını bu yolda
etkilemeye çalışırken, zaman zaman
bazı kayıplara uğrayacaktır.
İnsan bunlardan, sadece ders alarak
azimle yoluna devam etmelidir.
Yolun tümseksiz olduğunu
kim söylemişti?

Ama yine de bu yolda gitmek mümkün.
İnsanlar bazen ayağı takılarak,
yere kapaklanır ve düşebilirler:
bu tekrar kalkıp yoluna devam
edemeyecekleri anlamına gelmez.

Eğer kişi, yol kenarındaki çizgileri aşmadan
ilerlerse, büyük bir hata yapmamış olur.
Gerçek heyecan, mutluluk ve sevinç; yıkılmış
yaşamlardan değil, başka şeylerden gelir.

Eğer siz başkalarının bu yolu izlemesini
sağlayabilirseniz, siz de mutluluğun
gerçekten ne olduğunu keşfetmek için
kendinize bir fırsat vermekte serbest olacaksınız.

*Mutluluk yolu, yoldaki kenar çizgilerinin
nerede olduğunu bilenler için, yüksek hızda
seyahat edilebilen bir yoldur.*

Sürücü sizsiniz.

Yolunuz açık olsun.

Mutluluk Yolu

EDİTÖR'ÜN KELİME TERİM VE DEYİMLER SÖZLÜĞÜ

Kelimeler çoğu kez birden fazla anlama gelirler. Buradaki açıklama ve tanımlamalar, kelimenin sadece bu kitapta kullanıldığı anlamı vermeye yöneliktir. Ayrıca her açıklamanın yanında ilgili kelimenin ilk olarak yer aldığı sayfa numarası da gösterilmekte olup, okuyucu arzu ettiği takdirde kelimenin kullanıldığı metne kolayca göz atabilir. Kitapta dipnot olarak yer alan tanımlamalar yazar tarafından kaleme alınmış olup, kolaylık sağlamak amacıyla aşağıdaki sözlüğü de alınmıştır.

—Editörler

acınacak: çok kötü ve acınası durumda olan; değersiz veya değeri çok düşük. Sayfa 156.

ahlak: davranışlarda yanlıştan doğruyu ayırabilme; bu anlayışa göre karar verme ve hareket etme. *(Yazarın dipnotundan.)* Sayfa 26.

ahlaksız: ahlaki olmayan; doğru yapmayan; doğru davranış konusunda fikri olmayan. *(Yazarın dipnotundan.)* Sayfa 7.

akıl hastaneleri: kendilerine veya başkalarına zarar verdikleri için "zihinsel olarak hasta" olduğu farz edilen insanların bakıldığı kuruluşlar. Sayfa 161.

aklını başından almak: birini çok korkutmak; şaşırtmak; kişinin sağlıklı düşünme yeteneğini yok etmek. Sayfa 190.

alışılmışın dışında: yeni bir çeşit; daha önce görülen veya bilinenden farklı. Sayfa 103.

"Altın Kural": hem Eski, hem de Yeni Ahit'te yer alması nedeniyle her ne kadar bu ilkeye Hıristiyanlık öğretisinin özü olarak bakılmaktaysa da birçok başka uluslar altın kuraldan söz etmişlerdir. Konfüçyüs'ün *Analects* adlı eserinde (M.Ö. 5. ve 6. yüzyıllarda) yer almıştır. O da bu kuralı daha eski kaynaklardan almıştır. İlkel kabileler de bunu bilmektedirler. Özü aynı olmakla birlikte değişik şekillerde Eflatun'un, Aristo'nun, Sokrat'ın ve Seneca'nın yaşadığı dönemde yaygındı. Binlerce yıldan beri insanlar tarafından ahlaki davranışın bir standardı olarak bilinmektedir. Daha önceki ifadelerin benimsenmesi için çok idealistik olduğu düşünüldüğünden bu kitapta yeniden verilmiştir. *(Yazarın dipnotundan.)* Sayfa 159.

alt yapı: kelime anlamı olarak bir yolun veya otoyolun üzerine inşa edildiği mıcır veya toprak yapısı. Buradan hareketle, bir şeyin geliştirilip sürdürülmesi için gerekli olan destek veya yapı. Sayfa 88.

amansız: yatıştırılamayan, sakinleştirilemeyen, tatmin edilemeyen, pişmanlık duymayan. *(Yazarın dipnotundan.)* Sayfa 59.

analects: bir yazarın yazılarından seçmeler; özellikle bir derleme olarak yayınlandığı zaman başlık olarak kullanılır, *Konfüçyüs'ün Anelects'indeki* gibi. Sayfa 159.

Aristo: (M.Ö. 384–322) Yunan felsefecisi, eğitimcisi ve bilim adamı, eski Yunan felsefecileri içinde en bilgili ve âlim olanı kabul edilir. Çalışmaları; mantık, etik, doğal bilimler ve politika gibi zamanında bilinen tüm insan bilgisi dallarını kapsamıştır. Sayfa 159.

aristokrasi: soylular, ayrıcalıklılar sınıfı; az sayıda kişiden oluşan, özel imtiyazı, rütbesi ve yapısı olan hükümet; halka uygulanan genel yasaların üstünde yer alan ufak bir seçkin tabaka; bu kesim doğum yoluyla babadan oğula

geçenlerden veya bulundukları konum açısından üstün olarak kabul edilen insanlardan oluşur ve başkalarının uyması için yasalar çıkarıp bunları uygulatırlar, fakat kendileri bu yasalara uymazlar. *(Yazarın dipnotundan.)* Sayfa 60.

aristokrasinin zulüm günleri: Avrupa'da, ülkelerin tüm yetkiyi elinde tutan krallar tarafından yönetildiği 1500, 1600 ve 1700'lü yıllar. Kralın altında da zengin, halkın geri kalanından çok daha fazla hakları ve ayrıcalıkları olan aristokratlar vardı. İşte bu şartlar altında; 1700 yılları sonlarıyla 1800 yılları başında Birleşik Devletlerde (Britanya'ya karşı), Fransa'da (Kral ve aristokratlara karşı), Güney Amerika'da (İspanyol yönetimine karşı) devrimler gerçekleşmiştir. Sayfa 60.

asit testi: değeri, etkinliği, hakikiliği saptamak için yapılan son veya kesinleştirici test. (Asit çeşitli metalleri çözündürecek kadar güçlü bir maddedir). Bu terim 1800'lü yıllarda altını, diğer ucuz metallerden ayırt edebilmek için asit kullanılmasından gelmektedir. Asit; demir, bakır gibi metalleri aşındırır fakat gerçek altına bir şey yapmaz. Sayfa 140.

aşağılara inmek: kötü durumda veya düşük seviyede olmak. Sayfa 162.

aşikâr: şok edercesine göze çarpan veya aşikâr olan; bariz. Sayfa 120.

ayak uydurmak: değişiklik ve gelişme gösteren şeyler konusunda bilgilerini güncel tutmak. "Yetenekli bir mühendis yeni yöntemlere ayak uydurur" cümlesinde olduğu gibi. Sayfa 128.

ayakaltından uzak: sürekli olarak (ve can sıkıcı biçimde) ortalıkta olmayan ve kişinin işlerini engellemeyen. Sayfa 132.

ayakları üzerinde durma: kendi çabasına, kapasitesine, yargılarına ve kaynaklanma dayanma. Sayfa 33.

B

bağnaz: fanatik; herhangi bir konuda, inançta, özellikle dini konularda aşırı coşku gösteren ve adanmış, kararlılıkta bu yolda ilerleyen kimse. Sayfa 152.

bahane: gizli, genellikle dürüst olmayan biçimde davranış veya bu tarzda bir şeyler yapma; gizlenmeye veya bir şeyden kaçıp kurtulmaya yönelik eylem. Sayfa 39.

barbar: medeni olmayan kişi, kültür, incelik ve eğitimden yoksun olan kimse. Sayfa 167.

barbarlık: bir barbarın özelliğini taşıma veya onun gibi olma, incelik ve eğitimden yoksunluk. Ayrıca vahşi, zalim bir gruptaki veya toplumdaki insanların özelliği. Sayfa 76.

başarılı: ekonomik başarıya erişme; yaptığı şeyde başarıya ulaşma. *(Yazarın dipnotundan.)* Sayfa 36.

başından, en: sıfırdan; daha önceki bir avantaj veya bilgi olmaksızın. Sayfa 146.

bebeklik: kişinin bir bebek olduğu zaman dönemi, özellikle yürümeye başlamadan önceki dönem. Sayfa 36.

becerikli: yaptığı işi iyi yapabilen; hünerli, usta, maharetli; kişinin yatkınlık ve öğrenime bağlı olarak, bir işi başarma, bir işlemi amacına uygun olarak gerektiği gibi sonuçlandırma yeteneği. *(Yazarın dipnotundan.)* Sayfa 118.

beceriler: artistik beceri ve eğitim, deneyim ve özel bilgi gerektiren faaliyet, meslek veya uğraşılar. Sayfa 117.

berbat: son derece kötü veya nahoş, perişan. Sayfa 92.

beyaz sayfa: yeni, taze, işaretlenmemiş veya etkilenmemiş. Sayfa 32.

biçilmiş kaftan: belirli bir amaca göre uydurulmuş. "Tam da buna göre" anlamında kullanılır. Sayfa 34.

bir kenara atmak: düşünme veya tartışma konusu olmaktan çıkarmak; üstünde durmamak. Sayfa 146.

bir zamanlar: bu belirli yer ve zamanda. (Birleşik Devletler, Fransa ve Güney Amerika'daki 1700'lü ve 1800'lü yıllar kastedilmektedir.) Sayfa 60.

bırakılmak, insafına: başkalarının eline kalmak; bir şeye karşı herhangi bir koruması olmamak; tamamen eline düşmek veya çaresiz olmak. Sayfa 54.

bombardıman yapmak: (bir şeyi veya birini) çok ağır bir şekilde eleştirmek; etkin bir şekilde saldırmak. Sayfa 172.

borsacı: hisse senedi alım satımına aracılık eden kimse. Hisse senedi, bir kimsenin satın aldığı şirket payıdır. Eğer şirket başarılı olursa pay veya hisse senetlerinin de parasal değeri yükselir, aksi durumdaysa azalır. Sayfa 144.

boş: başarısız veya etkisiz; yararsız; sonuç vermeyen. Sayfa 118.

Boyle Kanunu: sabit bir sıcaklıktaki gaz basıncının, hacim azaldığında arttığını ifade eden bir kanundur. Örneğin, bir gaz (normal bir hava gibi) bir kaba konursa, hacmi (ne kadar yer kapladığı) ve kabın içine uyguladığı basıncı birbiriyle ilişkilidir. Eğer hacim, havanın daha küçük bir alana sıkıştırılmasıyla azaltılırsa, basınç artar. Eğer hacim, aynı miktardaki havanın daha geniş bir kaba konulmasıyla arttırılırsa, basınç azalır. Böyle Kanunu adını 1662 yılında bu kanunu formülleştiren İrlandalı fizikçi Robert Boyle'den (1627–1691) almaktadır. Sayfa 152.

Budizm: Siddharta Gautama Buddha'nın (M.Ö. 563–483?) öğretilerine dayanan ve dünyevi arzuların üstesinden gelerek bir aydınlanma durumu elde edilebilmeyi benimseyen bir dünya dini. Buddha, "Aydınlanmış Kişi" anlamına gelir. Sayfa 26.

bulaşıcı: (bir hastalığın) bir kimseden başka bir kimseye geçmesi; temasla geçen. Sayfa 13.

buyruk, tanrısal: buyruk otoriter bir emir, yönlendirme veya talimattır. tanrısal buyruk da bir tanrıdan gelen emir veya yönlendirme anlamındadır. Sayfa 168.

caydırmak: vazgeçirmek; bir kişiyi herhangi bir şeyi yapmaktan (ikna etmek veya zor kullanmak vb. suretiyle) vazgeçirmek. Sayfa 20.

centilmen: saygılı, görgülü, kibar (erkek). Sayfa 188.

centilmenlik: dürüstlük kurallarına uygun davranış; kurallara uymak, başkalarına saygı, kaybetmesini bilmek vb. Sayfa 170.

cezp edilmiş: zevkli ve hoş olduğu vaadiyle (bir şey yapmaya veya bir yerlere gitmeye) özendirilmiş, teşvik edilmiş veya ikna edilmiş. Sayfa 112.

ciddi tedbirler: (belli bir amaca ulaşmak için) güçlü ve etkili prosedürler, yasalar, uygulamalar ve planlar. Sayfa 72.

ciklet: özellikle, tatlandırılmış ve meyve vb. kokusu taşıyan sakız. Sayfa 14.

ciltli (kitap): kitaplar, özellikle de ciddi konularda yazılmış büyük, ağır (bazen eski) kitap. Sayfa 168.

cinayet: yasal olmayan biçimde insan öldürme; (bir veya daha fazla sayıda) insanın özellikle önceden tasarlanarak ve kin duygusu ile bir başkası tarafından öldürülmesi, katledilmesi. *(Yazarın dipnotundan.)* Sayfa 53.

çalı: sert, dikenli asma veya fundalık. Sayfa 130.

çalışkan: kendini çalışmaya ve incelemeye veren; aktif biçimde ve bir amacı yönelik olarak bir şeyler yapan;

gayretli; tembel olmanın ve hiç bir şeyi başarıyla sonuçlandıramamanın karşıtı. *(Yazarın dipnotundan.)* Sayfa 112.

çapraşık: girift; çok karmaşık; bir araya getirilmiş çok fazla ufak parçalardan oluşan. Sayfa 120.

çekişme: kişiler arasındaki kızgın anlaşmazlık veya uzlaşmazlık durumu. Sayfa 156.

çekişmeli: tartışmaya, kavgaya veya şiddetli görüş ayrılıklarına yol açan veya açabilecek. Sayfa 156.

çevre: kişini etrafındaki ortam, maddi nesneler; yaşanılan bölge; kişinin yakınında veya uzağında birlikte yaşadığı canlılar, nesneler, güçler. *(Yazarın dipnotundan.)* Sayfa 29.

çıkmak, kontrolden: doğru, normal veya her zamanki durumun dışına çıkmak; doğru bir biçimde işlememek veya davranamamak. Sayfa 136.

çok bilinen: çok iyi tanınan, bir efsane gibi çok iyi bilinen eski hikâyeye benzer. Sayfa 14.

dans ayinleri: törensel dans. Genellikle ilkel toplumlarda geleneksel olarak yapılan (avdan önce yapılan dans ayini ibaresinde olduğu gibi) danslar. Sayfa 118.

darmadağın: bakımsız, özensiz bir görünüm sergileyen; özen gösterilmemiş veya ihmal edilmiş. Sayfa 77.

dava: mahkemede incelenmekte olan konu,"Mahkeme salonlarına gire çıka tecrübe kazanmamış ve prosedürleri bilmeyen avukatlar, duruşmada davanın seyrinde ortaya çıkacak değişikliklere uygun zihinsel manevraları çabucak yapabilmeyi öğrenememiş olabilirler ve davayı kaybederler." cümlesinde olduğu gibi. Sayfa 144.

Democritus: (M.Ö. 460–370) öğretmeni olan felsefeci Leucippus tarafından ileri sürülen, evrenin atomik teorisini geliştiren Yunan felsefeci. Democritus'a göre, her şey sınırsız uzayda sonsuz bir şekilde hareket eden küçük, görülmeyen, yok edilemeyen saf madde parçacıklarından oluşmuştur. Democritus dünyamızın, atomların rasgele birleşmesinden ortaya çıktığını öne sürdü. Sayfa 152.

deneme ve yanılma: doğru sonuca ulaşana kadar, yanlışların kaynaklandığı metotları sürekli deneyip geliştirmek ve onları doğru sonucu verecek duruma getirmek işlemi. Sayfa 138.

deniz: bir okyanusun büyüklüğünü, devasalığını çağrıştıran bir şey, "Bu hırçın denizde, ortaya parlak bir ilke çıkmaktadır: kişinin tercih ettiğine inanma hakkı." cümlesinde olduğu gibi. Sayfa 154.

destekçi: yardakçı; suçluların veya bozuşmuş politik liderlerin sadık taraftarları veya takipçileri. Sayfa 186.

destekleme: bir yetiştirme ve geliştirme döneminde olduğu gibi, destek olma ve heveslendirme. Sayfa 64.

devlet memurları: kamu çalışanları; okul, hastane, ulaşım, inşaat, projeler vb. genel toplum yararına olan alanlarda çalışmak üzere istihdam edilmiş kişiler. Sayfa 69.

devlet: bir ülkenin hükümeti. Sayfa 58.

devralmak: yönetimi, kontrolü veya sorumluluğu üstlenmek, "yarının dünyasını devralmaya hazırlandıkları bir yer olmalıdır."cümlesinde olduğu gibi. Sayfa 132.

devrim: bir hükümet veya rejimin ya da sosyal sistemin, yönetilenlerce genellikle güç veya şiddet içren yöntemlerle yıkılması. Sayfa 134.

diktatör: sözü kanun olan ve hükümette tam, sınırsız kontrolü olan ve tipik olarak katı veya kaba eylemlerle

ve karşısında olana acımasız bir baskıyla hükmeden. Sayfa 64.

dirençli hastalık türleri: bir hastalığın benzersiz özelliklere sahip değişik çeşidi, öyle ki daha önceki tedaviler bu değişik türe karşı sonuç vermeyebilir. Sayfa 24.

dogma: doğru olarak benimsenen ve ortaya serilen ve sorgulamaya açık olmayan bir dizi inançlar, fikirler, ilkeler v.b. Dogma, Yunancada fikir anlamına gelir. Sayfa 155.

doğuştan gelen yapı: öznitelik; insanın iç niteliğinin kalıcı ve ayrılmaz bir parçası olarak var olan unsur, kalite veya özellik. Sayfa 33.

dönem: belirli durumlar, farklı özellikler, olaylar ve kişilerin damgasını vurduğu zaman periyodu ve bölümü. Sayfa 86.

dublör: bir oyuncunun yerine tehlikeli veya özel beceri gösterecek sahnelerde oynayabilecek başka oyuncu, fiziksel risk içeren sahnelerde aktörün yerini alan kişilere verilen ad. Sayfa 140.

düşmanlık: çok güçlü hoşlanmama duygusu veya kindarlık. Sayfa 183.

düşüp kalkmak: gelişigüzel, tesadüfî cinsel ilişkiye girmek. *(Yazarın dipnotundan.)* Sayfa 23.

Eflatun: (M.Ö. 427–347) hukuk, matematik, teknik, filozofik problemler ve doğa bilimleri alanlarındaki çalışmalarıyla tanınan Yunanlı filozof. M.Ö. 387 yıllarında Atina yakınlarında eski çağların en etkili okulu olan ve ölümüne dek dersler verdiği Akademi'yi kurmuştur. En ünlü öğrencisi Aristo'dur. Sayfa 159.

ehliyetsizlik: yetersizlik; yeterli bilgi, beceri ve yetenek sahibi olmama; büyük hatalar yapmaya açık. *(Yazarın dipnotundan.)* Sayfa 117.

ekonomik: ekonomiyle ilgili. Malların üretim, alım ve dağıtımını inceleyen sosyal bilim. Kelime, özünde ev ve ev halkını idare eden bilim ve sanat anlamına gelir. Sayfa 86.

eksiklik: belli bir standardı tutturamamaya yol açan hatalar ve başarısızlıklar, kişinin karakter ve davranışlarında olduğu gibi. Sayfa 186.

ekspres yol: direk ve kesin yol; en güvenilir yol. Otoyol terimine gönderme olarak mecazi anlamda kullanılmıştır. Sayfa 114.

el becerisi: fiziksel hareket etmede rahatlık ve kabiliyet, özellikle elleri kullanmada. Sayfa 117.

eleştirici: tenkitçi; beğenmediği şeyleri açıkça tenkit eder bir tavır içinde. Sayfa 174.

en başından: sıfırdan; daha önceki bir avantaj veya bilgi olmaksızın. Sayfa 146.

erdemler: insan davranışlarındaki ideal nitelikler. *(Yazarın dipnotundan.)* Sayfa 167.

etkilemek: üzerinde etkisi olmak. *(Yazarın dipnotundan.)* Sayfa 43.

etkiler: sonuç olarak ortaya çıkan tesir. *(Yazarın dipnotundan.)* Sayfa 20.

evrimsel: tüm bitki ve hayvanların daha basit biçimlerden geliştiklerini ve plânlanmaktan veya yaratılmaktan çok, kendi çevreleri tarafından şekillendirildiklerini öne süren çok eski bir teori. *(Yazarın dipnotundan.)* Sayfa 30.

ezilmek: (arzularını, duygularını, eylemlerini vb.) kontrol altında tutma, baskı altında olma; dışa açılamama. Sayfa 34.

facia: çok üzüntü veren, acıklı olay, afet. Sayfa 8.

farkında olmadan: bilmeden, farkına varmadan. Sayfa 106.

fenomen: gözlenebilen bir gerçek veya olay; görüngü. *(Yazarın dipnotundan.)* Sayfa 184.

fikir adamları: bir gruptaki, diğer insanların sözünü dinlediği, görüşlerini benimsediği, güvendiği kişiler. Sayfa 67.

firma: şirket, işyeri. Sayfa 59.

fizik: madde, enerji, hareket, kuvvet ve bunların ne olduğu, niye böyle davrandıkları ve aralarındaki ilişkileri inceleyen bilim. İnsan ve hayvan gibi canlı bedenleri inceleyen biyolojiden bu açıdan farklıdır. Sayfa 152.

formül(ler): matematikte bir kural veya ilke, semboller, rakamlar veya harflerle gösterilir, genellikle bir şey başka bir şeye eşittir. Örnek: bir dikdörtgenin (mesela bir halı) alanını hesaplamak için kişi A X B = C formülünü kullanır, A uzunluk, B genişlik, C de alanı simgeler. Sayfa 128.

G

gelişme: üretim ve çalışkanlık durumunda olma; etkili bir şekilde ilerleme; iyiye gitme; gözle görülür bir biçimde iyi duruma gelme. *(Yazarın dipnotundan.)* Sayfa 195.

gerçek: el ile tutulup göz ile görülecek biçimde tam anlamıyla var olan; varlığı hiçbir biçimde inkâr edilemeyen; bir durum, bir olgu, bir nesne ya da bir nitelik olarak var olan; bilgilerle ve gözlemlerle uyum içinde olan; bütün bilgilere bakmak suretiyle sonuçlanan mantıklı cevaplar; arzu, yetki veya önyargılardan etkilenmemiş, kanıtlara dayalı bir sonuç; her şeye rağmen kaçınılmaz olan hakikat, gerçek durum, var olan şeylerin tümü. *(Yazarın dipnotundan.)* Sayfa 47.

gizli köşeler: özellikle polis tarafından aranan kişilerin gözden uzak saklanabileceği yerler. Sayfa 92.

gölgelenmek: karartılmak, kasvetli hale gelmek. Sayfa 67.

gönül alma: birilerinin kınamasından, saldırısından vb. korunmak amacıyla desteklerini almak için onlara hoş gelecek veya onları tatmin edecek (ikram veya fedakârlık gibi) davranışlar. Sayfa 118.

gözden kaçırmak: unutmak, göz önüne almamak, görmezden gelmek. Sayfa 60.

hafızaya kaydetmek: nesneleri tam olarak hatırlayabilmek için yeteri kadar iyi öğrenme. Buradaki kaydetme, bir şeyi (bir mevkiye veya yere) transfer etme anlamına gelir Sayfa 128.

haklı çıkarma: normalde mantıksız ve kabul edilemez olarak düşünülen davranışları sözde mantıklı veya anlamlı bahanelerle açıklamaya çalışma girişimi. Sayfa 104.

hayatta kalma: yaşamını sürdürme, mevcut olma, yaşamaya devam etme. *(Yazarın dipnotundan.)* Sayfa 1.

hırçın: sinirli, huysuz; kötü ve rahatsız edici bir huy ve görünüş içinde olan. Sayfa 14.

Hitler: Adolf Hitler (1889–1945), Üçüncü Alman imparatorluğunu kurup dünyayı bin yıl yönetecek bir üstün ırk yaratmayı düşleyen yirminci yüzyıl Alman politik lideri. 1933 yılında güç kullanarak Almanya'nın başına geçen bu diktatör II. Dünya Savaşını (1939–1945) başlatarak birçok Avrupa ülkesini işgal edip milyonlarca Yahudi'yi öldürttü. Yönetimi sırasında Alman subaylarının birçok başarısız suikast girişimine maruz kalan Hitler, 1945

yılında Almanya'nın yenilgisi kaçınılmaz hale geldiğinde intihar etti. Sayfa 134.

hoşgörülü: başkalarının hataları karşısında anlayışlı ve bağışlayıcı olan; müsamahakâr. Sayfa 174.

ihtimal dışı görmek: bir şeyi olasılık dışı tutmak. Sayfa 152.

ilke: herhangi bir hareket tarzı öneren veya ortaya koyan kural, ifade veya talimat. *(Yazarın dipnotundan.)* Sayfa 34.

içgüdüsel: içten gelen güdü ve dürtülerden kaynaklanan; burada insanın farkına varmadan ortaya koyduğu içten gelen tepki anlatılmaktadır. Sayfa 184.

insafına bırakılmak: başkalarının eline kalmak; bir şeye karşı herhangi bir koruması olmamak; tamamen eline düşmek veya çaresiz olmak. Sayfa 54.

insaflı: merhametli; hakkını vererek davranan, vicdanlı, imanlı. Sayfa 188.

insani bilimler: fiziksel bilimlerden farklı olarak özellilikle edebiyat, felsefe, tarih vb. insan düşüncesi ve ilişkilerini ele alan ilim dalları. Sayfa 117.

insansız uzay araçları: dış uzayı keşfetmek ve Yeryüzüne veriler yollamak üzere tasarlanmış, içinde insan bulunmayan uzay araçları. Sayfa 82.

işine gelen, onların: (başkalarını hariç tutarak) kendi niyet veya arzularını tatmine yönelik. İşine gelmek, istek ve arzularına uygun olmak anlamındadır. Sayfa 48.

işsizlik parası: bir İngiliz terimi, hükümetlerin yaptığı işsizlik yardımı için kullanılır. *(Yazarın dipnotundan.)* Sayfa 111.

işsizlik yardımı: ihtiyaç sahiplerine veya fakirlere hükümetçe yapılan mal veya para yardımı. *(Yazarın dipnotundan.)* Sayfa 111.

istenmedik: beklenmedik; umut edilmeyen. Sayfa 106.

iyi huylu: yararlı olma eğiliminde, arzu edilir sonuçlar doğrultusunda üretken. Sayfa 67.

kaba (kişi): kültür ve zarafetten yoksun; saldırgan veya kaba. Sayfa 186.

kaba saba adam: kaba, beceriksiz davranışları olan ve kibarlıktan yoksun kişi. *(Yazarın dipnotundan.)* Sayfa 186.

kader: insan gücünün ve kontrolünün ötesinde kalan önceden kararlaştırılmamış gibi görünen olayların akışı. Sayfa 92.

kan ter içinde kalma: çok terli; teri giysilerinin üstüne çıkmış. Sayfa 76.

kanun hükümleri: sistematik olarak yasalar, kurallar, düzenlemeler. Sayfa 59.

kapıyı açmak: bir fırsat yaratmak; bir şeyi edinmenin veya ona ulaşmanın yollarını sağlamak. Sayfa 162.

karmakarışık: çok karışık, darmadağınık; tamamen düzensizlik ve kargaşa özelliğine veya niteliğine sahip. *(Yazarın dipnotundan.)* Sayfa 7.

karşılıklı: iki veya daha fazla kişinin eşit oranda katılarak yaptığı. Sayfa 40.

kaşarlanmış: değişmesi zor, katı, hoşa gitmeyen bir işe ya da bir eyleme alışarak artık bu eylemleri için suçluluk hissetmeyen, yaptıklarını sıradan karşılamaya başlayan. Sayfa 134.

kaşe: damga, mühür; kişinin isminin ve/veya unvanının yazılı olduğu mühür. Sayfa 2.

katı ciddiyet: aşırı ciddiyet, neşe ve espriden yoksunluk hali. Sayfa 187.

katı: sert, fikrinden caymaz, boyun eğmez, teslim olmaz, uyumsuz, ısrarlı. *(Yazarın dipnotundan.)* Sayfa 59.

katkıda bulunma: paylaşma veya katılmış olma, "Kişisel yararın yanı sıra, ne kadar ufak olursa olsun, kişi insan ilişkilerinin yeni çağına başlamada ufak bir katkıda bulunur" cümlesinde olduğu gibi. Sayfa 84.

kendi amaçlarına hizmet etmek: başkalarını dikkate almaksızın sadece kendi hedefledikleri veya arzu ettikleri sonuçlara ulaşmaya çalışmak. Sayfa 124.

kendi çıkarını gütmek: sadece kendi niyet ve isteklerini gerçekleştirmeye ve geliştirmeye çalışmak, başkalarını düşünmemek. Sayfa 44.

kibarlık: zarafet; incelik; duygularda, zevklerde, davranış ve konuşmalarda zarafet. Sayfa 186.

kişileştirme: (bir fikrin, şeyin) sembolü veya tam bir örneği olma; ta kendisi olma. Sayfa 136.

kontrolden çıkmak: doğru, normal veya her zamanki durumun dışına çıkmak; doğru bir biçimde işlememek veya davranamamak. Sayfa 136.

korku perdesi: perde net bir algılamayı, anlayışı veya iletişimi engelleyen, saklayan ya da gizleyen şeydir. Bu nedenle, korku perdesi kişinin, birine veya bir şeye doğrudan doğruya veya tam olarak bakmaktan ya da anlamaktan korkmasına neden olan engeldir. Sayfa 120.

korumak: zarar görmesini önlemek; muhafaza etmek. *(Yazarın dipnotundan.)* Sayfa 32.

kör kuyu: mecazi anlamda yeteneksizliğin, beceriksizliğin veya etkisizliğin saklandığı yerler. Sayfa 126.

kulak vermek: dinlemek; dikkat etmek, göz önüne almak. Sayfa 204.

kültürlü: eğitimle gelişmiş; ince bir zevki, konuşma tarzı, davranışı olan. Sayfa 167.

kuşkulu: pek olası görünmeyen; şüpheli. Sayfa 183.

kutsal: Tanrıya veya dini bir amaca adanmış; kutsal adam örneğinde olduğu gibi, yüksek ahlaklı, dindar veya ruhsal bir sistemin kurallarına göre yaşama. Sayfa 167.

kuyu, kör: mecazi anlamda yeteneksizliğin, beceriksizliğin veya etkisizliğin saklandığı yerler. Sayfa 126.

lehlerine değerlendirilme: övülecek bir şey olarak kabul etme; artı puan olarak kabul edilme. Sayfa 103.

Leucippus: Yunan filozof (M.Ö. 450–370); bütün maddenin atomlardan oluştuğuna, bir nesnenin bütün görünür özelliklerinin bu atomların davranışlarının sonucu olduğuna ve bu atomların hareketlerinin önceden belirlendiğine inanmaktaydı. Öğretisi daha sonra öğrencisi Yunanlı filozof Democritus tarafından geliştirildi. Sayfa 152.

maddeci: sadece fiziksel maddenin varlığını kabul eden. *(Yazarın dipnotundan.)* Sayfa 30.

maddeler halinde sunmak: özellikle kanunları, organize edilmiş, anlaşılabilen bir sistemde düzenlemek ve sınıflandırmak. Sayfa 60.

maskara edilme: elaleme karşı rezil edilmek, alay konusu olmak; küçük düşürülmek ve aşağılanmak amacıyla halkın önüne çıkartılmak. *(Yazarın dipnotundan.)* Sayfa 58.

materyalist: materyalizm doktrinine inanan kişi. Materyalizm, evreni çok büyük veya çok küçük taşlar gibi sert nesnelerden oluştuğu şekilde gösteren metafizik teoriler ailesinden biri; bu tür teoriler zihin gibi kavramların, fiziksel nesnelere indirgenerek açıklanabileceğini iddia eder. Sayfa 155.

materyalizm: maddecilik, özdekçilik; evreni çok büyük veya çok küçük taşlar gibi sert nesnelerden oluştuğu şekilde gösteren metafizik teoriler ailesinden biri; bu tür teoriler zihin gibi kavramların, fiziksel nesnelere indirgenerek açıklanabileceğini iddia eder. *(Yazarın dipnotundan.)* Sayfa 152.

mekanist: *mekanizm* (yaşamın bütünüyle hareket halindeki maddeden oluştuğu ve fizik kanunlarıyla açıklanacağı görüşü) doktrinine inanan kişi. *Bakınız* **mekanikçilik.** Sayfa 152.

mekanikçilik: yaşamın bütünüyle hareket halindeki maddeden oluştuğu ve fizik kanunlarıyla açıklanacağı görüşü. Leucippus ve Democritus (M.Ö. 460–370) tarafından Mısır mitolojisinden alınarak geliştirilmiştir. Bu felsefeye inananlar matematiğe indirgeyemedikleri dinin bir kenara bırakılması gerektiğini savunmuşlardır. Dindarlar bu görüşe karşı çıkmışlardır. Fizikteki Boyle yasalarını geliştiren Robert Boyle (1629–1691), doğanın hareket halinde madde tasarlayıp tasarlamadığı sorusunu ortaya atarak bu görüşü çürütmüştür. *(Yazarın dipnotundan.)* Sayfa 152.

mekanizmalar: bir işlev yerine getiren veya bir görevi ifa eden mekanik bir aygıttakine benzer biçimde (ruhsal veya fiziksel) bir şeyin elde edilmesine yarar araç. Sayfa 104.

meşru: yasal, kanuna uygun. Sayfa 53.

metafiziksel: metafizik ile ilgili. Metafizik, içerdiği fikir ve kavramlar, mantıklı yöntemlerle kanıtlanamayan bir spekülatif inceleme ve araştırma dalıdır. Spekülatif, tahmin veya temelsiz teorilerle ulaşılan kanaat veya görüş demektir. Metafiziksel terimi, ilk kez Aristo'nun (M.Ö. 384–322) yazılarında kullanılmış olup, bu terimi içeren yazılar, yazarın, doğa, zaman, mekân konularını içeren ve Fizik olarak bilinen kitabından sonra yayınlandığı için kelime olarak "fizikten sonra" anlamındadır. Sayfa 152.

meyvesini vermek: düşünülen veya istenilen sonucu yaratmak. Vermek, doğal büyümeyle üretmek, ortaya çıkarmak ve meyve, üretilen sonuç veya netice anlamına gelir. Sayfa 140.

minnet borcu: birisine verilen şeyler, yapılan iyilikler veya hizmetler karşılığındaki borçlu olma durumu veya sorumluluğu. *(Yazarın dipnotundan.)* Sayfa 34.

mizaç: kişinin olağan zihinsel çerçevesini ve kendine has tavrını oluşturan özellikler bütünü. Sayfa 69.

moral: iyi olma duygusu; bir kişi veya grubun zihinsel ve duygusal tavrı; geçinmeye istekli olma ve genel amaçlarla uyumluluk. *(Yazarın dipnotundan.)* Sayfa 77.

mutluluk: iyi olma, doyum, zevk, keyif içinde bulunma, dertsiz varoluş; kendisine olan güzel şeylere karşı kişinin reaksiyonu. Sayfa 7.

Napolyon: Napolyon Bonaparte (1762–1821), askeri güç kullanarak iktidara gelerek kendini imparator ilan eden

ve 1821 yılında yakın arkadaşlarınca zehirlenerek öldüğü tarihe kadar Avrupa'da fetih hareketlerine girişen Fransız askeri lider. Sayfa 186.

niyet: başkalarına karşı olan tutum veya davranış. Geleneksel olarak "iyi niyetli insanlar" sözü hemcinslerine karşı hiçbir kötü düşünce beslemeyen ve onlara yardım etmek isteyen kimseler için kullanılır. *(Yazarın dipnotundan.)* Sayfa 69.

not: öğrencinin bir sınavdaki veya kurstaki başarı durumunu göstermek için kullanılan işaret veya değerlendirme. Türkiye'deki okullarda genellikle 10 veya 5 rakamları en üst seviye olarak belirlenmiştir ve öğrencinin başarısı rakamlarla saptanmaktadır. Ayrıca; pekiyi, iyi, orta, zayıf ve pek zayıf olarak da değerlendirme yapılmaktadır. Sayfa 166.

olgunlaşma: tam ve en üst düzeyde gelişmiş konum veya duruma gelme. Sayfa 30.

onların işine gelen: (başkalarını hariç tutarak) kendi niyet veya arzularını tatmine yönelik. İşine gelmek, istek ve arzularına uygun olmak anlamındadır. Sayfa 48.

öğüt(ler): uygun veya yararlı olarak tavsiye edilen veya önerilen bir davranış biçimi (veya böyle bir şey.) Sayfa 43.

öğütülmüş cam: camı göze batmayacak hale gelene kadar öğütüp birinin yiyeceğine katarak onu öldürme eylemine bir gönderme olarak kullanılmıştır. Bu öğütülmüş camlar, kurbanın sindirim sisteminde tedavisi mümkün olmayan hasarlara yol açacaktır. Sayfa 24.

ölçülü: davranışlarında ve düşüncelerinde ılımlı olan, aşırıya gitmeyen, yaptıklarını normal ölçüler içinde yapan, iştahını dizginleyen. *(Yazarın dipnotundan.)* Sayfa 19.

önlem: tehlikeli, hoş olmayan, uygunsuz vb. bir şeyi önlemek için önceden yapılan eylem. Sayfa 13.

örnek: kopyalamaya veya taklit etmeye değer kimse ya da şey; model. Sayfa 43.

özel çıkar grubu: siyasi temsilcileri veya etkili kişileri ikna etmek gibi yöntemlerle özel avantajlar veya kayırıcı muamele peşinde olan veya bunlardan yararlanan bir grup insan veya organizasyon. Sayfa 64.

özel sektör: bir ülkedeki, mülkiyeti devlete ait olmayan işletme ve organizasyonların oluşturduğu ekonomi alanı. Sayfa 69.

özen göstermek: bir şeyin iyi olması için sorumlu ve dikkatli davranmak. Sayfa 75.

papağan: başkalarının sözlerini tekrarlayan veya davranışlarını taklit eden kişiler, özellikle de söylediklerinin veya yaptıklarının gerçek anlamını bilmeden. Papağan insan konuşmalarını veya diğer sesleri taklit edebilen tropikal bir kuştur. Sayfa 132.

piyasa: malların ve hizmetlerin alınıp satıldığı iş ve ticaret dünyası veya alanı. Sayfa 117.

politik: politikayla ilgili. Politika: hükümet etme bilim veya sanatı; bir ulus veya devletin esenliğini, güvenliğini ve barışını koruyacak biçimde yönetimi. Sayfa 60.

politikalar: yönetimsel prensip, plan ve hareket tarzları. Sayfa 88.

propaganda: bir kişinin kendi amacına yarayacak veya bir başkasına zarar verecek şekilde çoğu kez gerçeğe uymayan fikirlerin, bilgilerin veya dedikoduların yayılması; bu tür yalanların basın, radyo veya televizyon yoluyla yayılarak muhatap kişinin yargılandığında suçlu bulunabileceği yalan haberleri yayma işi; bir kimsenin ününe, artık kendisine saygı gösterilmeyecek biçimde zarar verme işi. *(Yazarın dipnotundan.)* Sayfa 58.

propagandacı: *bakınız* **propaganda.** Sayfa 70.

rahipler: belli kiliselerde dini görevleri ve ibadetleri yerine getirmek için eğitilmiş yetkili kişiler. "Geçmişin rahipleri" terimi, geçmiş çağlarda, dünya ve din hakkında her şeyi bildiklerine inanmış olan ve bu inançlarını başkalarına da zorla kabul ettiren din adamları için kullanılmıştır. Sayfa 155.

riyakârlık: kandırmaya yönelik sahte görünüş veya davranışlar; sahte tavır veya bilgi ortaya koyma. Sayfa 120.

rota: bir gemi veya uçağın gidiş yönü, izleyeceği yol. Mecazi olarak, görüş veya tutuma göre gidilen, izlenen yol. Sayfa 203.

sadakatsizlik: sadık olmama; bir başkasıyla cinsel ilişkiye girerek birlikte yaşanan eşe ihanet etme. Sayfa 24.

sadık: dostluğu ve bağlılığı içten olan, sadakatli. Sayfa 24.

samimiyet: içtenlik; içinden geldiği gibi olma. Sayfa 188.

sansasyon: birçok kimseyi ilgilendiren, etkileyen heyecan verici olay. Sayfa 70.

satın almak: desteğini veya itaatini kazanmak, "çocuğu oyuncak ve hediye yağmuru ile satın almak" cümlesinde kullanıldığı gibi." Sayfa 32.

saygı göstermek: başkalarına incelikli ve saygılı davranmak; özellikle başkalarının çıkarlarına öncelik vermek. Sayfa 156.

saymak: değeri, üstünlüğü, yaşlılığı, yararlılığı vb. dolayısıyla bir kimseye ya da bir şeye karşı ölçülü, özenli, dikkatli davranmak, saygı göstermek. *(Yazarın dipnotundan.)* Sayfa 41.

Seneca: (M.Ö. 4 – M.S. 65) Latin edebiyatının en tanınmış yazarlarından biri olan Romalı filozof, oyun yazarı ve devlet adamı. Çok sayıda deneme ve oyun yazmış ahlâki dersler vererek lükse ve ahlâksızlığa karşı tavır almıştır. Sayfa 159.

sert tedbir: baskı, güç veya tehditlerin sonucunda bir şey yapmaya veya yapmamaya karşı zorlama. Sayfa 134.

seviyesizleşmek: olağan uygar yaşam ve davranış standartlarının çok altına inmek. Sayfa 76.

seyrinde: gidişatında; belli bir yöndeki değişiklik veya gelişme durumunda. Sayfa 144.

sığınmak: bir şeye, kaçış veya rahatlama aracı olarak yönelmek. "Kişi güçsüz olduğunda, içinde hilelere ve yalanlara sığınmak gibi güçlü bir istek duyabilir." cümlesinde olduğu gibi. Sayfa 39.

sis kornası: sis görüş mesafesini düşürdüğünde bir gemi veya tekneden diğer gemilere uyarı olarak gönderilen çok yüksek ve kalın sesli korna. Sayfa 146.

subaylar: askerler üzerinde yetkili konumda olan ordu mensupları. Sayfa 86.

sülfürik asit: pillerde ve patlayıcı, deterjan, boyalar ve kimyasal maddeler gibi birçok üründe kullanılan son derece aşındırıcı, yağsı sıvı. Kömürün yakılmasıyla havada

oluşan sülfürik asit sisi asit yağmurlarına yol açar ve bunu sonucu bitkiler, balıklar zarar görür, metaller, taşlar ve diğer inşaat malzemeleri aşınmaya uğrarlar. Sayfa 82.

taammüden: yasal açıdan, haklı bir neden ve özre dayanmaksızın önceden planlanarak yapılan (cinayet gibi) yanlış bir eylem. Sayfa 54.

talihsiz rüzgâr: şanssız bir güç veya etki. Rüzgâr bu anlamda, bir şeyi sürükleyen veya kişinin maruz kaldığı, bir güç, etki veya eğilimdir. Talihsizlik ise, şanssız olayların ortaya çıkmasıdır. Sayfa 64.

tanrı vergisi nimet: Kutsal bir güç veya kaynak tarafından İnsanlığa bağışlanmış armağan, nimet. Buradan hareketle; çok özel, anlamlı veya önemli. Sayfa 118.

tanrısal buyruk: buyruk otoriter bir emir, yönlendirme veya talimattır. Tanrısal buyruk da Bir tanrıdan gelen emir veya yönlendirme anlamındadır. Sayfa 168.

taşmak: bir sınırın üzerinden aşıp akmak, tıpkı dikkatsizlik sonucu suyun, içinde bulunduğu kabın kenarından dışarı akması gibi. Sayfa 78.

tedbirler, ciddi: (belli bir amaca ulaşmak için) güçlü ve etkili prosedürler, yasalar uygulamalar ve planlar. Sayfa 72.

tehdit: olası tehlike ve kötülük kaynağı. Sayfa 92.

temel taşı: genel anlamıyla, bir binanın köşesindeki iki duvarı birleştiren temeli oluşturan taş. Bu nedenle üzerine inşa edilen veya geliştirilen esas olarak önemli temel. Sayfa 151.

teselli: zihni ve ruhu rahatlatan, keyiflendiren veya üzüntü ve ıstırabı hafifleten. Sayfa 155.

tıbbi: tıbba ilişkin; kişinin fiziksel durumunu iyileştirici. Sayfa 20.

ticari: ticaret ile alakalı olmak veya uğraşmak, mallar veya hizmetler alma ve satma. Sayfa 26.

türler: insan ırkı, İnsanlık. Tür, kendilerini diğer topluluklardan ayıracak genel ve kalıcı özelliklere sahip ve ancak kendi aralarında üreyebilen hayvan veya bitki topluluğu veya sınıfı. Sayfa 30.

türlerin varolmaya başlaması: İnsanlığın Yeryüzünde ilk olarak görülmeye başlaması. Sayfa 155.

usandırıcı: uzun, iç karartıcı veya çok tekrarlı olması nedeniyle, yorucu veya sıkıcı. Sayfa 168.

uygulama: bir beceriyi kazanma veya geliştirme amacıyla sürekli olarak onun alıştırmasını yapmak. *(Yazarın dipnotundan.)* Sayfa 140.

uzak, ayakaltından: sürekli olarak (ve can sıkıcı biçimde) ortalıkta olmayan ve kişinin işlerini engellemeyen. Sayfa 132.

uzanan: geçmişte; geçmişe kadar giden, "eski Mısır ve Yunanistan'a kadar uzanan" cümlesinde olduğu gibi. Sayfa 152.

uzay aracı, insansız: dış uzayı keşfetmek ve Yeryüzüne veriler yollamak üzere tasarlanmış içinde insan bulunmayan uzay araçları. Sayfa 82.

uzlaşma: her iki tarafın aralarındaki görüş ve çıkar ayrılığını, karşılıklı olarak ödünler vererek kaldırıp uyuşmaları, bir anlaşmaya varmaları. *(Yazarın dipnotundan.)* Sayfa 40.

uzlaşmaya varma: bir çatışmayı çözmek veya sona erdirmek; bir tartışma veya anlaşmazlıkta çözüme veya uyuşmaya varmak. Sayfa 40.

uzun vadede: gelecekteki uzun bir periyotla ilgili, sonunda. Sayfa 34.

Ü

üretim: yararlı ve değerli bir şeyi üretme, bitirip ortaya koyma veya sadece yapılması veya sahip olunması değerli olan bir şeyi bitirme. *(Yazarın dipnotundan.)* Sayfa 112.

üzerine gitmek: birisini şiddetli bir şekilde cezalandırmak veya eleştirmek. Sayfa 138.

V

vadede, uzun: gelecekteki uzun bir periyotla ilgili, sonunda. Sayfa 34.

vaka(lar): oluş; örnek, bir şeyin bir anı, " ancak böyle durumlar son derece nadirdir." cümlesinde olduğu gibi. Sayfa 32.

vandalizm: tahripkârlık; eski kültür ve sanat anıtlarını yakıp yıkma anlayışı, tutum ve davranışı; halka veya özel mülke yönelik kasti ve haince tahribat, özellikle güzel veya sanatkârca yapılmış olan eserlere yönelik tahribat hareketi. *(Yazarın dipnotundan.)* Sayfa 78.

vermek, meyvesini: düşünülen veya istenilen sonucu yaratmak. Vermek, doğal büyümeyle üretmek, ortaya çıkarmak ve meyve, üretilen sonuç veya netice anlamına gelir. Sayfa 140.

vicdansız: ahlaki ve etik değerleri hiçe sayan. Sayfa 63.

yalan yere yemin etmek: mahkemedeyken veya yemin verirken bir şeyi doğru söylememek veya yalan söylemek; yanlış bir şekilde ifade vermek. Sayfa 50.

yalancı şahitlik: bir mahkemede olduğu gibi, yemin verilmesine rağmen kasıtlı olarak yanlış, yanıltıcı veya eksik bilgi vermek. Sayfa 50.

yalanlar: kasıtlı olarak gerçekmiş gibi sunulan gerçek dışı açıklamalar ve bilgiler; aldatmaya veya yanlış bir görünüş yaratmaya yönelik şeyler. *(Yazarın dipnotundan.)* Sayfa 50.

yanılgı: değişmeyen yanlış inanç; gerçekte olduğundan farklı bir şekilde algılanmış algı. Yanıltma kelimesi zihni veya kararını yanlış yönlendirme anlamına gelir ve yanıltılmış görünüş, gerçekliğin taklit veya yanlış yönlendirilmiş izlenimini ortaya çıkararak aldatan şey anlamına gelir. Sayfa 19.

yapacak işi kalmamak: artık çaresi kalmamış; tamir edilebilecek noktayı geçmiş; sonuna varmış. Sayfa 82.

yapı taşı: genel anlamıyla evleri veya diğer büyük yapıları inşa etmekte kullanılan geniş beton blok veya benzer katı materyal. Bu nedenle yapının temel birimi olarak düşünülen, bir şeyin büyümesine veya gelişmesine katkı sağlayan bir element veya bileşim gibi herhangi bir şey. Sayfa 98.

yardımsever: nezaket ve iyi niyet gösteren, başkalarına yardım etmek isteyen, cömert. Sayfa 176.

yasama organı: genellikle seçilmiş kişilerden oluşan, bir ülke ve devletin yasalarını yapmaya, değiştirmeye veya lağvetmeye yetkili grup veya kurum. Sayfa 57.

yaygın: geniş çapta ortaya çıkan veya var olan; çok sık veya genellikle meydana gelen, var olan, Kabul gören veya uygulanan. Sayfa 159.

yaygınlaşmak: bir ülke veya bölgede çok fazla bulunur hale gelmek. Sayfa 26.

yolunuz açık olsun: ayrılırken söylenen iyi dilek; iyi şanslar. Sayfa 206.

yurttaşlık bilgisi: hükümetin (vatandaşlarıyla ilişkisi açısından) yapısı ve ilkelerinin incelenmesi. Sayfa 66.

zamanlar, bir: bu belirli yer ve zamanda. (Birleşik Devletler, Fransa ve Güney Amerika'daki 1700'lü ve 1800'lü yıllar kastedilmektedir.) Sayfa 60.

zemin hazırlamak: bir şeyi olası hale getirmek veya yolunu hazırlamak; bir şeyin oluşması için gerekli altyapıyı sağlamak. Sayfa 144.

zevk ve sefa: büyük zevk, keyif alma tatmin duyma. Sayfa 134.

zihinsel manevra: değişen bir durum veya gelişme karşısında yeni zihinsel çözümlerle duruma uyum sağlama. Sayfa 144.

zorba hükümet: tek bir kişinin tüm yetkilere sahip olduğu ve bunu adaletsiz ve zalimce kullandığı hükümet biçimi. Sayfa 67.

zulüm: güçlü bir kimsenin yasaya ve vicdana aykırı olarak başkasına yaptığı kötü, acımasız, kıyıcı davranış, işkence. *(Yazarın dipnotundan.)* Sayfa 60.

Bütün yapacağınız Mutluluk Yolu'nun toplumda elden ele dolaşmasını sağlamaktır. Tıpkı yumuşacık yağın hırçın dalgalı bir denizin yüzeyini kaplaması gibi sükûnet ve huzur yüzeye çıkacak ve yayılacak yayılacaktır.

Başkalarının davranışları ve faaliyetleri senin hayatta kalmanı da etkiler.

Mutluluk Yolu kitabı, senin ilişkide olduğun kişilere ve arkadaşlarına nasıl yardım edebileceğini de göstermektedir.

İşe, arkadaşlarınız ve yakın ilişkide olduğunuz insanlarla başlayın. Onlara *Mutluluk Yolu* kitabını verin ve ayrıca onların da başkalarına dağıtabilmesi için çok sayıda nüsha verin ki; onlar da huzur ve sükûneti yüzeye çıkarıp yayabilsinler.

Bu kitap 12 adetlik paketler halinde cep kitapçığı ebatlarında da piyasaya sürülmüştür.

Okullar, toplumsal örgütler, devlet daireleri ve ticari işletmeler ve ayrıca bireylere ve gruplara bu kitabın geniş çapta tekrar basılması için müsaade eden programlara özel indirimler mevcuttur.

Daha fazla bilgi için
The Way to Happiness Foundation:
www.thewaytohappiness.org